Paul Krisai / Miriam Beller
Russland von innen

W0197824

Paul Krisai/Miriam Beller

RUSSLAND VON INNEN

Leben in Zeiten des Krieges

Paul Zsolnay Verlag

3. Auflage 2023

ISBN 978-3-552-07369-2
© 2023 Paul Zsolnay Verlag Ges. m.b. H., Wien
Satz: Nele Steinborn, Wien
Umschlag: Anzinger und Rasp, München
Foto: © Patrick Wack
Druck und Bindung: CPI books GmbH, Leck
Printed in Germany

INHALT

VORWORT

Es gibt Tage, die die Welt verändern. Tage, an denen so Unfassbares geschieht, dass wir uns für immer erinnern werden, wo wir waren, was wir machten und wie wir uns fühlten, als uns die Nachricht ereilte. Der 24. Februar 2022 ist so ein Tag.

Während in den Morgenstunden jenes Februartages Wladimir Putins martialische Fernsehansprache über die Bildschirme flimmerte, wurden Städte in der gesamten Ukraine bereits von Explosionen erschüttert. Russlands großflächige Invasion des Nachbarlandes sandte Schockwellen durch Europa: Monatelang hatte die Welt gerätselt, was Putin will. Rund 150 000 Soldaten hatte er laut Schätzungen westlicher Geheimdienste seit Herbst 2021 an der ukrainischen Grenze zusammengezogen. Dass dieser riesige Truppenaufmarsch mehr sein könnte als militärisches Säbelrasseln, konnten und wollten sich die wenigsten vorstellen – auch wir nicht.

Seit wir für den ORF aus Russland berichten – seit 2019 bzw. 2021 –, befindet sich dieses Land in einer stetigen Abwärtsspirale: politische Repression nach innen, militärische Aggression nach außen. Der Überfall auf das Nachbarland Georgien im Jahr 2008 und die militärische Intervention in Syrien ab 2015 sind nur zwei Beispiele für Russlands Selbstverständnis als Weltmacht, die sich im Recht sieht, ihren Einfluss mit Waffengewalt auszuweiten. Und auch innerhalb der eigenen Staatsgrenzen schreckte Putin von Anfang an nicht vor militärischer Gewalt zurück, begann doch seine Präsidentschaft im Jahr 2000 mit dem zweiten Krieg gegen die abtrünnige russische Teilrepublik Tschetschenien.

Im Februar 2014 rücken erstmals russische Truppen auf ukrainischen Boden vor und besetzen die Halbinsel Krim. Nach der völkerrechtswidrigen Annexion der Krim tritt Russland in der Ostukraine einen bewaffneten Konflikt los: Moskau unterstützt die Separatisten im Kampf gegen die ukrainische Armee mit Waffen und eigenen Truppen. In den darauffolgenden acht Jahren kommen durch die Kämpfe (bis Dezember 2021) laut UN-Hochkommissariat für Menschenrechte mindestens 14 200 Menschen ums Leben. Darüber, und über die Ursprünge des Konflikts zwischen Russland und der Ukraine, wurde bereits vielfach geschrieben. Dieses Buch beginnt am 24. Februar 2022, im Moment des großflächigen russischen Angriffs gegen die Ukraine, den Wladimir Putin nach wie vor als »Spezialoperation« verharmlost. Es will nicht die große politische Analyse Russlands in der Welt sein und auch keine weitere Putin-Biografie – auch davon gibt es bereits reichlich. Dieses Buch ist, wie der Titel schon sagt, ein Blick ins Innere eines Landes in Zeiten des Krieges: Wie entwickelt sich eine Gesellschaft in einem immer repressiveren System? Wie wird der Krieg sichtbar in einem Staat, in dem er nicht einmal so heißen darf? Und wie berichtet man unter Zensurbedingungen?

Niemals hätten wir uns gedacht, eines Tages Kriegsberichterstatter zu sein. Wir sind es im eigentlichen Sinne auch nicht. Wir waren nicht in den Schützengräben im Donbas unterwegs – das tun unsere mutigen Kolleginnen und Kollegen in der Ukraine, oft unter Einsatz ihres Lebens. Wir haben dafür ganz Russland und etliche seiner Nachbarländer bereist – von Rostow am Don über Sankt Petersburg bis Ulan-Ude, von Belarus über Georgien bis Kasachstan. All das, um zu verstehen, wie sich der Krieg auf eine einst von Moskau dominierte Weltregion auswirkt. Wir sind nie unter Beschuss geraten, wir mussten nie vor russischen Bomben in Luftschutzkeller flüchten. Die Gefahren sind in unserem Fall unsichtbar – Überwachung, Zensur und Justizwillkür.

In diesem Buch stellen wir Menschen vor, die wir im Rahmen unserer Berichterstattung für den ORF kennengelernt und die uns besonders beeindruckt haben, wie der inhaftierte Oppositionelle, mit dem wir nur noch per Gefängnispost kommunizieren konnten, oder die traumatisierten ukrainischen Geflüchteten in Sankt Petersburg, die im Aggressorstaat gestrandet sind. Es sind Schicksale von Unterdrückten, Verfolgten und Vertriebenen, die exemplarisch sind für das Russland unter Wladimir Putin. Diese Menschen sind die moralische Stimmgabel in einem Land, das zunehmend an den Rand des Totalitarismus gerät. Wir haben es uns zur journalistischen Aufgabe gemacht, ihren Stimmen Gehör zu verschaffen. Wir widmen uns auch der Frage, was die passiven und aktiven Unterstützerinnen und Unterstützer von Wladimir Putin antreibt und wie der mächtige Apparat der Staatspropaganda funktioniert. In manchen Fällen verwenden wir zum Schutz unserer Gesprächspartner bewusst nur den Vornamen, manchmal haben wir sie vollständig anonymisiert.

Den Sprachkundigen wird auffallen, dass wir für ukrainische Ortsnamen jeweils die ukrainische Schreibweise verwenden (zum Beispiel Kyjiw, Donbas), es sei denn, es handelt sich um wörtliche Zitate russischer Regimevertreter, diese bleiben in der russischen Transkription (Kiew, Donbass).

Seit dem 24. Februar 2022 leben und arbeiten wir in Russland in einer permanenten Ausnahmesituation. Die Normalität, die vielerorts an der Oberfläche herrscht, ist äußerst fragil. Jeden Moment kann sich buchstäblich alles verändern. Das hat sich am 24. Juni 2023 gezeigt. Nachdem die Söldnertruppe Wagner ihren bewaffneten Aufstand gegen die russische Militärführung erst kurz vor Moskau abbricht, ist klar: Die Ruhe ist trügerisch. Im Hintergrund rumort es gewaltig. Ein Buch wie dieses kann und will daher nur eine Momentaufnahme sein. Es ist unser Einblick in jene Blackbox, zu der Russland inzwischen geworden ist. Es ist auch ein Blick hinter die Kulissen unserer journalistischen Arbeit für den ORF, gleichzeitig geht es weit über das hinaus, was im schnelllebigen Nachrichtenalltag normalerweise Platz hat. Hier erzählen wir die Geschichten, die uns bewegt haben.

Das ist »Russland von innen«.

Paul Krisai und *Miriam Beller*
Moskau, Juli 2023

DER KRIEG BEGINNT, UND NICHTS IST WIE ZUVOR

Paul Krisai

Der Krieg beginnt an einem Donnerstag. Kurz nach sechs Uhr morgens Moskauer Zeit reißt mich das Klingeln meines Telefons aus dem Schlaf. Am Display leuchtet die Nummer der Redaktion in Wien. Ein Anruf der Kollegen um diese Uhrzeit ist meistens ein schlechtes Zeichen. »Es hat angefangen«, sagt die Stimme am anderen Ende der Leitung, und der Kollege zählt hastig auf: Putin ist mit einer Kriegserklärung aufgetreten, es gibt Explosionen in Mariupol, Charkiw, Kyjiw und anderen Städten in der gesamten Ukraine, die Lage ist unübersichtlich.

Was der Kollege erzählt, klingt nach dem, was seit Wochen viele befürchtet und die wenigsten geglaubt haben: Russland hat offenbar einen großflächigen Angriff auf die Ukraine begonnen. Das Ausmaß ist mir zu diesem Zeitpunkt aber noch nicht klar. Mit der Redaktion vereinbare ich den Ablauf der nächsten paar Stunden: Schaltung in der ersten Radionachrichtensendung um sechs Uhr Wiener Zeit, dann im Radio-*Morgenjournal* um sieben Uhr und direkt danach in der Frühausgabe der *Zeit im Bild*-Fernsehnachrichten. Während ich mich auf den Weg ins Büro mache, vibriert mein Handy im Stakkato der Eilmeldungen: Russische Fallschirmspringer in Odessa gelandet, Ukraine hat Kriegszustand ausgerufen und Generalmobilmachung angeordnet, Berichte über erste Todesopfer. Was ich da ungläubig lese, sieht nicht nach einem Einmarsch russischer Truppen in den Donbas aus, mit dem seit Tagen zu rechnen war, sondern nach einem vollständigen Angriff auf das gesamte Nachbarland.

Zum Nachdenken bleibt keine Zeit. Ich rufe meine Kollegin Miriam an. Sie ist in diesem Moment zufällig viel näher am Kampfgeschehen als ich – erst am Vorabend ist sie mit ihrem Kameramann in Rostow am Don in Südwestrussland gelandet, nur hundert Kilometer von der ukrainischen Grenze entfernt. Dort wollte sie einen Beitrag über die mutmaßliche Zwangsevakuierung der ukrainischen Bevölkerung filmen. Die russischen Behörden haben den ORF und andere internationale Medien zu einem Pressetermin in ein Flüchtlingszentrum eingeladen – ausgerechnet für den Nachmittag des 24. Februar. Zu diesem Dreh wird es nicht mehr kommen.

»Miriam, der Krieg hat angefangen«, sage ich atemlos in den Hörer. An ihrer Stimme erkenne ich, dass sie seit ihrem Nachtflug nur wenig geschlafen hat. Ohne viel zu erklären, bitte ich sie, sich mit ihrem Kameramann eine sichere Position für Liveschaltungen zu suchen, vorzugsweise in einem geschützten Innenraum. »Oh mein Gott«, schreibt Miriam wenige Minuten später per WhatsApp, nachdem sie die ersten Nachrichtenmeldungen gelesen hat, »das ist ja die ganze Ukraine! Haben uns ein Livestudio im Hotelzimmer eingerichtet.«

Mein Adrenalinspiegel steigt, als ich den Lift in unserem grauen Bürogebäude zwei Kilometer südlich des Moskauer Kremls betrete. Vom Spiegel an der Wand starrt mir ein kreidebleiches Gesicht entgegen. Ich zücke mein Handy und nehme ein kurzes Video auf, um den Moment für später zu dokumentieren: »Guten Morgen«, sage ich mit kratziger Stimme, »es ist sieben Uhr am 24. Februar 2023 –« Ähm, 2023? Kurzes Kopfschütteln. Warum ich mich ausgerechnet im Jahr irre, wundert mich in diesem Moment selbst. Es ist wohl Ausdruck des allgemeinen Chaos an diesem Donnerstagmorgen. Oder gar ein Vorbote für die Zeitenwende, die bevorsteht? Ich setze neu an: »Es ist der 24. Februar 2022. Putin hat in der Nacht angekündigt, eine Militäroperation gegen die Ukraine zu starten.« Pause. Tiefes Durchatmen. »Es gibt Krieg. Wir werden jetzt stündlich in Liveschaltungen versuchen, die unübersichtlichen Ereignisse irgendwie einzuordnen.« Mein Gesichtsausdruck im Video wirkt, als hätte man mich gerade aufgeweckt, auf ein Zehn-Meter-Brett gestellt und mir befohlen, mit verbundenen Augen ins Wasser zu springen. In weniger als einer Stunde muss ich live meinen ersten Lagebericht abgeben.

Ich schalte hastig Computer, Radio und Fernseher ein und sehe Putins frühmorgendliche TV-Ansprache, die im staatlichen Nachrichtensender *Rossija 24* in Endlosschleife wiederholt wird: Zwischen zwei Russlandfahnen sitzt mit eisiger Miene der Präsident an einem Schreibtisch, die linke Hand eigenartig an die Tischplatte geklemmt, die rechte hebt er beim Gestikulieren ab und zu leicht an. Putin spricht unruhig, mit künstlichen Pausen, immer wieder verdunkelt sich sein Blick. »Ich habe die Entscheidung getroffen, eine spezielle Militäroperation durchzuführen. Ziel ist es, die Menschen zu schützen, die acht Jahre lang unter den Misshandlungen und dem Völkermord durch das Kiewer Regime gelitten haben.« Diese von Putin oft wiederholten Anschuldigungen eines angeblichen Völkermords seitens der ukrainischen Truppen im Donbas werden von unabhängigen Quellen nicht gestützt. Das UN-Hochkommissariat für Menschenrechte sieht in seinem Bericht vom September 2021 keine Anzeichen für einen Genozid.[1] Zum selben Befund kommt die OSZE-Beobachtermission, die seit 2014 – wohlgemerkt mit russischer Zustimmung – die Lage beiderseits der Frontlinie in der Ostukraine beobachtet. Putin schließt die Kriegserklärung mit einer Drohung an alle Staaten, die die Ukraine unterstützen: Wer versuche, Russland zu stoppen, müsse mit einer sofortigen Reaktion rechnen und mit Konsequenzen, wie es sie »noch nie zuvor in der Geschichte« gab. Die Botschaft ist klar: eine unverhohlene Drohung mit dem russischen Atomwaffenarsenal an alle, die sich in den Krieg militärisch einmischen. Es wird nicht die letzte Drohung dieser Art sein.

Die nächsten Stunden fühlen sich an wie ein Wirbelsturm, der uns einsaugt, hin und her beutelt, auf den Kopf stellt, mit Nachrichten und Meldungen bewirft und am Abend wieder ausspuckt. Schaltgespräch folgt auf Schaltgespräch, ich verlasse zum Teil das Livestudio zwischen den Einstiegen gar nicht und arbeite, verkabelt und eingeleuchtet, auf der Liveposition weiter. Es geht darum, zu funktionieren. Das Adrenalin dürfte eine wichtige Rolle dabei spielen, dass die Konzentrationsfähigkeit auch nach fünfzehn Stunden unverändert hoch bleibt. Wenn ich in diesen Stunden eines spüre, dann ist es eine klare Mission: zu erzählen, was wir wissen und was wir nicht wissen. Auch im ORF-Zentrum in Wien herrscht an diesem Tag Ausnahmezustand, mit stundenlangen Sondersendungen zum Krieg, die zu einem großen Teil von den Korrespondentinnen und Korrespondenten in der Ukraine, in Russland und dem Rest der Welt gefüllt werden.

Während ich von Moskau aus die Meldungslage sortiere, schaltet sich Miriam regelmäßig aus dem rund tausend Kilometer entfernten Rostow am Don zu und schildert ihre Beobachtungen: Kampfjets donnern über ihren Kopf hinweg, als sie mit ihrem Kameramann einen Stadtrundgang macht. Entlang des Grenzstreifens zur Ukraine, zweieinhalb Stunden von Rostow entfernt, gibt es bereits Meldungen über Einschläge auf russischem Boden. Die russischen Behörden sperren den Luftraum in allen an die Ukraine angrenzenden Regionen – auch der Regionalflughafen von Rostow am Don ist vorübergehend geschlossen. Am Vortag mit der Abendmaschine gelandet, werden Miriam und ihr Kameramann die Rückreise später per Auto antreten müssen. Denn auch alle Zugverbindungen sind ausgebucht. Offenbar versuchen viele Menschen, die Grenzregion zu verlassen.

Ein dramatischer Tag geht zu Ende

Am Abend des ersten Kriegstages gehen in Moskau und mehr als fünfzig anderen Städten Russlands tausende Menschen gegen den Krieg auf die Straße. »Njet wojne« – Nein zum Krieg – wird zum spontanen Protestslogan, der sich auch in den sozialen Medien rasend schnell verbreitet. Mein Instagram-Feed ist voll mit Ukraine-Flaggen und Anti-Kriegs-Botschaften, die meine russischen Freunde und Bekannten in den ersten Stunden posten. Dieser Protest – on- und offline – ist in diesem Moment ein kleiner Hoffnungsschimmer, dass sich in der russischen Bevölkerung Widerstand gegen Putins Aggression regen könnte. Doch die Antwort der Staatsmacht lässt nicht lange auf sich warten. Überall, wo sich friedliche Proteste formieren, schreitet die Polizei sofort mit aller Härte ein. Es gibt bereits am ersten Tag rund 1500 Festnahmen, davon etwa tausend allein in der Hauptstadt. Auch wenn die Proteste für einige Wochen anhalten werden, erreichen sie von Anfang an keine Größe, die für die Sicherheitskräfte zum Problem werden könnte.

Auch die Medien werden gemaßregelt: Die Medienaufsichtsbehörde Roskomnadzor gibt noch am ersten Kriegstag die Anweisung aus, dass russische Medien das militärische Geschehen fortan als »Spezialoperation« bezeichnen sollen, anstatt Invasion, Einmarsch oder Krieg zu schreiben. Ansonsten drohe die Blockierung oder gar der Entzug der Medienlizenz. Es ist ein Vorgeschmack auf die drakonischen Zensurgesetze, die nur Tage später auch uns ausländische Journalistinnen und Journalisten treffen werden.

Doch davon ahne ich noch nichts, als ich in der Liveschaltung der Hauptnachrichtensendung des ORF, der *Zeit im Bild 1*, Wladimir Putin zum Kriegspräsidenten erkläre. Als solcher wird er wohl in die Geschichte eingehen, als ein Mann, der besessen ist von einem Selbstbild als Retter der russischen Nation. Als ein Mann, der eine demokratisch gewählte Regierung in der Ukraine stürzen will, um die Ukraine zurück in seinen Einflussbereich zu zwingen. Als ein Mann, dem offenbar jedes Mittel recht und kein Preis zu hoch ist, wenn es darum geht, seine geopolitischen Interessen durchzusetzen.

Die ganze Welt muss erfahren, was für ein Wahnsinn sich hier abspielt, ist der Gedanke, der mich durch diese letzte Liveschaltung des Tages trägt. Das Ausmaß der Ereignisse zu begreifen gelingt in diesem Moment nicht einmal ansatzweise. Den ganzen Tag habe ich zwischen Radio- und TV-Studio verbracht, Telefonate geführt, Meldungen gelesen und Texte geschrieben. Als ich am späten Abend nach Hause komme, bin ich zu aufgewühlt, um zu Bett zu gehen. Stundenlang scrolle ich mich durch die Nachrichten-Feeds auf meinem Handy, sehe mir noch einmal die Bilder von Raketeneinschlägen und Panzerkolonnen an. Jedes Video wirkt so surreal wie ein Horrorfilm und gleichzeitig so vertraut, als wäre es nicht in der

Ukraine, sondern um die Ecke in Moskau aufgenommen worden: Die sowjetischen, fünfstöckigen Plattenbauten aus der Chruschtschow-Ära sind die gleichen, die auch in jeder russischen Stadt stehen – nur sind sie auf diesen Bildern von Raketensalven durchlöchert. Ein Ukrainer, der auf einem Video mit bloßen Händen einen russischen Panzer aufhält, spricht in derselben Sprache wie die Soldaten in ihren Z-Uniformen – Russisch. »Was habt ihr hier verloren? Ihr seid in der Ukraine, nicht in Russland! Fahrt nach Hause!« Dass Russland ein Nachbarland überfällt, mit dem es historisch, sprachlich und kulturell so eng verbunden ist, ist schlichtweg unbegreiflich. Anders als bei Putins vergangenen militärischen Eskapaden, etwa ab dem Jahr 2015 in Syrien auf der Seite von Diktator Baschar al-Assad, kann der russischen Bevölkerung in diesem Fall nicht weisgemacht werden, es handle sich um einen hochpräzisen Militäreinsatz in einem weit entfernten Land zur Bekämpfung einer islamistischen Terrormiliz. Im Gegenteil: Millionen Russinnen und Russen haben familiäre Verbindungen in die Ukraine – ihre Eltern, Geschwister, Kinder, Verwandten leben dort, oft auch Freunde und Bekannte. Wird sich die Mehrheit der russischen Bevölkerung tatsächlich davon überzeugen lassen, dass in der Ukraine angebliche Neonazis bekämpft werden müssen? Werden sich die Menschen in Russland tatsächlich hinter Putins unklar formuliertem Ziel einer »Entmilitarisierung und Entnazifizierung der Ukraine« vereinen?

Vor dem 24. Februar:
Die Zeichen stehen auf Sturm

Schon vor Kriegsausbruch rumort es in der russischen Gesellschaft. Kriegsgerüchte machen die Runde, ernten aber zumeist ungläubiges Kopfschütteln. Meinem Eindruck nach ist zu diesem Zeitpunkt den meisten Menschen rational nicht erklärlich, wozu ein großflächiger Krieg gegen die Ukraine dienen sollte. Zu diesem Schluss komme ich nach zahlreichen Interviews mit Russlandkennern, Politologinnen, Militärexperten, Ökonominnen, aber auch im Gespräch mit Menschen in verschiedenen Regionen in den Wochen vor Kriegsausbruch – etwa in der Stadt Kursk nahe der ukrainischen Grenze. »Wenn hier einmal Raketen oder Bomben fliegen, wäre das eine schlimme Sache«, sagt mir dort ein junger Familienvater ins Mikrofon. Die Anspannung unter den Menschen ist besonders in der Grenzregion spürbar. Denn nur wenige Kilometer außerhalb von Kursk stehen die Militärbasen, in denen Teile des riesigen Truppenkontingents untergebracht sind, das Putin in den vorangegangenen Monaten entlang der ukrainischen Grenze stationiert hat. Passanten in Kursk schildern, dass sie immer wieder Kolonnen von Militärgerät vorbeifahren sehen, am Himmel seien oft Kampfjets zu hören. Doch am meisten bewegt mich in Kursk das sichtbare Gedenken an die Opfer des Großen Vaterländischen Krieges, wie der Zweite Weltkrieg in Russland genannt wird: Beim Vormarsch der deutschen Wehrmacht wurde Kursk fast vollständig zerstört – und die weitläufigen Felder vor der Stadt waren im Jahr 1943 Schauplatz der größten und tödlichsten Panzerschlacht der Geschichte. An fast jeder Ecke steht ein Mahnmal. Beim wichtigsten seiner Art, dem Ewigen Feuer am Stadtrand, treffen wir während unserer Dreharbeiten eine Schülerin und ihre Lehrerin. Die beiden legen eine rote Rose vor der Gedenkflamme nieder. Ausrangierte sowjetische Panzer säumen das verschneite Denkmal. Nachdem wir mit ihr ins Gespräch kommen, rezitiert die Gymnasiastin vor der Kamera aus dem Stegreif ein Kriegsgedicht über einen vermissten Soldaten. Sie hoffe auf Frieden, sagt die Siebzehnjährige zur Verabschiedung. Ihr Vorname Nadeschda bedeutet übersetzt genau das: Hoffnung.

Es mag eine naive Hoffnung auf einen Truppenabzug und eine Entspannung der Lage sein, an die auch ich mich unbewusst klammere, als ich am 11. Februar in Kursk in den Zug zurück nach Moskau steige – selbst wenn die Faktenlage recht klar erscheint: Mehr als die Hälfte der kampfbereiten russischen Truppen sind zu diesem Zeitpunkt schon an der ukrainischen Grenze zusammengezogen, schätzt damals der unabhängige Militärblogger Ruslan Lewijew. Auch wenn Putin noch nicht entschieden hat, einzumarschieren, so kann er das jederzeit tun. Selbst wenn Putin keinen Einmarsch beabsichtigt, so kann es allein durch ein Missverständnis zu einer militärischen Eskalation kommen. Kurzum: Die Lage ist hochexplosiv. Es sind noch dreizehn Tage bis Kriegsausbruch.

Und das ist nicht die einzige Demonstration des Säbelrasselns, die ich miterlebe. Wenige Tage danach, am 19. Februar, donnern mit ohrenbetäubendem Lärm fünf Kampfhubschrauber über meinen Kopf hinweg. Artilleriefeuer ist in der Ferne zu hören. Ein Panzer rollt auf mich zu und gibt mehrere Schüsse ab. Der Geruch von Platzpatronen liegt in der Luft. Ich befinde mich auf dem 230. Truppenübungsplatz der Republik Belarus, auf einer Art Zuschauertribüne, die das gesamte Übungsgelände überblickt. Zwei Autostunden südwestlich der belarussischen Hauptstadt Minsk sind wir zu einer gemeinsamen russisch-belarussischen Militärübung eingeladen. »Alliierte Entschlossenheit« lautet der Titel des Manövers. Es ist eine weitere Machtdemonstration Russlands, die möglichst von der ganzen Welt gesehen werden soll: Außer dem ORF sind rund hundert ausländische Medienvertreter und -vertreterinnen anwesend, geschätzt 30 000 Soldaten aus Russland und Belarus sollen an dem Manöver teilnehmen, auch wenn keine der teilnehmenden Seiten diese Zahl bestätigt.

Das Szenario der Übung, erklärt man uns, sei ein hypothetischer Angriff auf Belarus von Norden, Westen und Süden, also auch aus der Ukraine. Auch wenn die belarussischen Militärs betonen, dass es sich um eine rein defensive Übung handle, ist leicht zu erraten, wer hier der unausgesprochene Feind ist. Mit Lasersimulatoren und Platzpatronen wird eine Stunde lang Feuerwechsel simuliert, Militärgerät hin und her verschoben, Fallschirmjäger werden aus einer Transportmaschine abgeworfen. Vor diesem martialischen Hintergrund stehen indische, arabische und US-amerikanische Fernsehkorrespondenten auf der Tribüne aufgereiht und versuchen, förmlich ins Mikrofon schreiend, den Umgebungslärm zu übertönen. Die Kriegsspiele werden zum Medienspektakel. Mein Kameramann und ich nehmen lediglich einige Bilder von den Übungen auf und schicken sie an die Redaktion in Wien. Die eigentliche Nachricht des Tages ist eine andere: Als wir den Truppenübungsplatz bereits verlassen haben, verkündet das belarussische Verteidigungsministerium, dass die russischen Truppen bis auf Weiteres in Belarus stationiert bleiben. Der Kreml hat zuvor tagelang das Gegenteil beteuert. Noch fünf Tage bis Kriegsausbruch.

Die Ereignisse nehmen Fahrt auf. Dass Russland am 21. Februar 2022 die selbsternannten »Volksrepubliken« Donezk und Luhansk als eigene, unabhängige Staaten anerkennt, lässt Schlimmes befürchten. Die neu gebildeten »Staaten« mit ihren von Moskau installierten Marionettenregierungen könnten nun Russland angesichts einer angeblich drohenden Militäroffensive Kyjiws offiziell um militärische Hilfe bitten. Genau das passiert kurz darauf auch. Die Separatistenführer der »Volksrepubliken« wenden sich in voraufgezeichneten Videobotschaften mit einem Hilferuf an den Kreml. Putins Drehbuch wird immer offensichtlicher, ein Einmarsch russischer Truppen in der Ostukraine scheint bevorzustehen, auch wenn der russische Präsident betont, dass es dabei nur darum gehe, für »Frieden zu sorgen«. Dass eigentlich ein großflächiger Angriff bevorsteht, ist auch zu diesem Zeitpunkt alles andere als klar.

23. Februar, ein Tag vor Kriegsbeginn. Es ist ein Morgen wie jeder andere: Ich wache zum Klang der Morgenshow von *Echo Moskwy* auf, einem der letzten kritischen Radiosender, und radle vor der Arbeit zur nächstgelegenen Bäckerei. Es ist ein grauer Tag, leichte Plustemperaturen, ab und zu zwängt sich ein Sonnenstrahl durch die Wolkendecke. Ich quere auf meinem Fahrrad den sechsspurigen Gartenring und bin in einer rastlosen Stimmung. Für den Abend werde ich eine Fernsehreportage drehen, zur Stimmung in Russland am traditionellen Militärfeiertag, dem Tag des Vaterlandsverteidigers. Um schon jetzt Material zu sammeln, halte ich auf dem Weg zur Bäckerei immer wieder an, um mit der Handykamera Passanten zu befragen, was sie über den Truppenaufmarsch entlang der ukrainischen Grenze denken. Von jenen, die überhaupt vor der Kamera antworten wollen, bekomme ich zwei Extreme zu hören: »Es wird Zeit, im Donbas für Ordnung zu

sorgen, dort werden unsere Leute seit acht Jahren massak-
riert«, wiederholt ein Mann die Linie der Staatspropaganda.
»Unsere Leute«, damit meint er offenbar die rund 700 000 Bewohnerinnen und Bewohner des Donbas, die Russland in den
vorangegangenen Jahren aktiv eingebürgert hat – indem es an
alle, die wollten, unbürokratisch Reisepässe verteilt hat. Die
These, dass Russland diese »neugewonnenen« Bürgerinnen und
Bürger beschützen muss, wenn nötig mit militärischer Gewalt,
wird von der Staatspropaganda schon seit der illegalen Annexion der ukrainischen Halbinsel Krim im Jahr 2014 aktiv unterstützt. Doch nicht bei allen scheint dieses Narrativ zu verfan-
gen. »Ich habe Angst vor einem neuen Krieg«, sagt eine ältere
Dame vor einem Supermarkt und bricht in Tränen aus: »Meine
Schwester und ihre Familie leben in der Ukraine.« Die übrigen
Befragten sind ebenfalls gegen militärische Gewalt: »Wir
brauchen keinen Krieg, wir haben auch so genug Probleme«,
bringt es ein Passant auf den Punkt. Kann diese Gesellschaft
tatsächlich einen Krieg gegen das Nachbarland befürworten?
Ich will es nicht so recht glauben.

Die Normalität des Alltags in Moskau erscheint mir beinahe absurd vor dem Hintergrund dessen, was zur selben Zeit in
der Ukraine passiert: Dort werden seit Monaten Luftschutzkeller vorbereitet, Menschen versuchen, ihre Ersparnisse abzuheben, im Osten des Landes intensivieren sich die Gefechte.
Beinahe surreal friedlich wirkt es an diesem Tag, dieses opulen-
te, pulsierende, hochmoderne, vielerorts wunderschöne und
mancherorts abgrundtief hässliche Moskau. Metropole, Mo-
loch, Machtzentrum.

In diesem Machtzentrum, dem Moskauer Kreml, tritt am
selben Tag Wladimir Putin auf. Seine Rede zum Militärfeiertag transportiert eine widersprüchliche Botschaft: »Unser

Land ist immer offen für direkten und ehrlichen Dialog, für die Suche nach diplomatischen Lösungen für die komplexesten Probleme, aber ich wiederhole: Die Interessen Russlands und die Sicherheit unserer Bürger sind für uns nicht verhandelbar.« Angebliche Offenheit für Dialog und diplomatische Lösungen, aber gleichzeitig militärische Drohgebärden: Monatelang spielt Putin dieses doppelte Spiel. Bis tief in den Februar hinein empfängt er fast jede Woche einen westlichen Staats- oder Regierungschef im Kreml. Frankreichs Präsident Emmanuel Macron, Deutschlands Bundeskanzler Olaf Scholz, Ungarns Premier Viktor Orbán – sie alle nehmen an Putins überdimensioniertem, sechs Meter langem Verhandlungstisch Platz. Nach Hause fahren sie alle mit mehr oder weniger dem gleichen Ergebnis – kein Zentimeter Verhandlungsfortschritt. (Mit einer Ausnahme: Viktor Orbán sichert sich bei Putin einen Freundschaftsrabatt auf russische Gaslieferungen nach Ungarn – was berechtigte Zweifel an der Aufrichtigkeit seiner diplomatischen Mission laut werden lässt.) Dass die westliche Reise- und Telefondiplomatie an diesem 23. Februar bereits gescheitert ist, weiß zu diesem Zeitpunkt wohl nur Wladimir Putin. Der 69-jährige Präsident dürfte seine Entscheidung bereits getroffen haben. Nur noch wenige Stunden trennen uns vom Kriegsausbruch.

Die ersten Tage des Krieges

Und dann geht es Schlag auf Schlag. Während am 24. Februar 2022 die russische Armee in einer Boden-, See- und Luftoffensive die Ukraine von Norden, Osten und Süden angreift, verhängen die USA und die Europäische Union, zum Teil ak-

kordiert, sofort die bis dahin weitreichendsten Wirtschaftssanktionen. Die Sanktionen treffen in verschiedenen Abstu-
fungen die Banken, die Rüstungs-, Hightech- und Pharma-
branche. Der für Russland sehr wichtige Energiebereich bleibt
vorerst unangetastet – zu groß ist die Abhängigkeit von russischem Öl und Gas in vielen europäischen Staaten, darunter auch Österreich und Deutschland. Fast so etwas wie Einig-
keit gibt es dafür bei der politischen Verurteilung Russlands:
Die meisten Staaten der Welt, abgesehen von einigen wenigen Verbündeten Russlands – Belarus, Iran, Kuba, Nicaragua,
Venezuela, Syrien und Nordkorea –, verurteilen Russlands militärische Aggression auf das Schärfste. Eine entsprechende
Resolution wird in einer Dringlichkeitssitzung der UNO-Ge-
neralversammlung am 2. März mit überwältigender Mehrheit
angenommen. Von den 35 Staaten, die sich durch Stimment-
haltung in Schweigen hüllen, ist China mit Abstand der mäch-
tigste Player. Doch auch wenn Peking auf direkte Kritik ver-
zichtet, befürwortet es den Krieg zumindest nicht: In einer
Erklärung zeigt sich der chinesische UNO-Botschafter »zu-
tiefst besorgt über die letzten Entwicklungen in der Ukraine« – aus der Diplomatensprache übersetzt bedeutet das ernst-
hafte Unzufriedenheit. Dass Putin und Chinas Präsident Xi
Jinping einander nur drei Wochen zuvor die »grenzenlose
Freundschaft« schworen, wirkt nun beinahe wie eine Episode
aus längst vergangenen Zeiten.

In Moskau befürchten viele angesichts des Wertverfalls der
Landeswährung, des Rubels, einen Kollaps des Bankensystems.
Die Moskauer Börse erlebt einen historischen Crash und stellt
erstmals in der jüngeren Geschichte Russlands vorsorglich den
Handel mit ausländischen Wertpapieren ein. Auf den Mos-
kauer Flughäfen herrscht zum Teil Chaos, eine große Ausreise-

bewegung ist im Gange. Wer gegen das Regime ist und es sich finanziell leisten kann, reist aus. Darunter sind vor allem Gutausgebildete, Besserverdienende und auffällig viele IT-Spezialisten und -spezialistinnen. Russland erlebt einen Braindrain.

Bei vielen, die im Land bleiben, schlägt die Fassungslosigkeit in Wut um. In den ersten Kriegstagen bekommen wir auf den Straßen von Moskau bemerkenswert offene Worte zu hören: »Putin hat unser Land zerstört«, schimpft eine Frau in unser Mikrofon, »die Leute denken, weil bei uns nicht geschossen wird, ist alles wie immer. Das stimmt nicht. Wir sind im Kriegszustand.«

Miriam, die inzwischen wohlbehalten von ihrem Einsatz in Rostow am Don zurückgekehrt ist, bekommt von einer Frau vor einer Moskauer Bank noch deutlichere Worte zu hören: »Wie soll man dieses Land denn sonst bestrafen? Wir haben einen Affen mit einer Atombombe als Präsidenten! Jetzt werden wir mit Sanktionen erdrosselt. Wie soll man den Menschen denn sonst klarmachen, dass es einen Regimewechsel braucht?« Es wird das letzte Mal sein, dass Normalbürgerinnen uns gegenüber so offen und ungeniert ihre Wut auf Putin äußern.

Spürbar ist aber auch zu Kriegsbeginn schon der Einfluss der staatlichen Propaganda, die von vielen unhinterfragt übernommen wird: »Der Westen hat alles getan, um diesen Krieg loszutreten. Die USA, die EU und die NATO haben Blut an ihren Händen«, behauptet ein Mann, der vor einer Metrostation Tauben füttert: »Außerdem existiert die Ukraine als Staat gar nicht!« Ich frage ihn, woher er diese Information hat. »Aus dem Fernsehen«, antwortet er wenig überraschend. Jahrelang haben die vom Kreml kontrollierten Staatssender das russische Fernsehpublikum indoktriniert – nun zeigt sich, dass das simple Narrativ vom »bösen Westen« und vom »guten Russland« bei vielen immer noch so fest verankert ist wie zu Sowjetzeiten. Putin spricht mit seinem nationalistischen, imperialistischen Kurs eine tiefe Kränkung in der Bevölkerung an, die sich – so wie Putin es selbst immer wieder formuliert – vom Westen »betrogen« fühlt. Der Wunsch nach einem starken Mann, der Russland nach dem Untergang des Sowjetimperiums wieder zu einer Großmacht machen soll, ist in Russland längst mehrheitsfähig. Selbst die Zerstörung eines souveränen Nachbarstaats lässt sich in dieser Propagandalogik rechtfertigen – es hätten ja »die anderen angefangen«. Es wird nicht lange dauern, bis es in Russland zum Verbrechen erklärt wird, dieser staatlich verordneten Weltsicht zu widersprechen.

Wie berichtet man unter Zensur?

Es ist Tag acht des Krieges, als Russland die Zensur einführt. In Rekordgeschwindigkeit verabschiedet das Parlament am Vormittag des 4. März eine Reihe von Gesetzesänderungen unter dem unscheinbaren Titel »Änderungen an Paragraf 31 und 151 des Strafgesetzbuchs«. Ab sofort herrscht de facto Militärzensur: Auf die »Diskreditierung des Einsatzes der russischen Streitkräfte«, aber auch auf die »bewusste Verbreitung von Falschinformation« über die Armee drohen bis zu fünfzehn Jahre Gefängnis. Der Tatbestand ist dabei unscharf formuliert. Ist das Wort »Krieg« schon »Falschinformation«, weil es sich aus Sicht der russischen Behörden um eine »Spezialoperation« handelt? Sind Berichte über mutmaßliche Kriegsverbrechen in der Ukraine eine »Diskreditierung«, also Herabwürdigung, der russischen Armee? Was gilt und was nicht, das bestimmen von Fall zu Fall die Behörden oder die von ihnen kontrollierten Gerichte. Es ist die Gesetz gewordene Justizwillkür – und sie betrifft alle Menschen auf russischem Boden, explizit auch ausländische Journalistinnen und Journalisten.

Dass dieses Knebelgesetz so schnell und einstimmig durchs Parlament gewinkt wird, bringt uns unter Zeitdruck. Ich rufe die Wiener Redaktion an und schlage ein Radio-Schaltgespräch zu Mittag vor, um die Tragweite der bevorstehenden Änderungen zu erklären, solange das Gesetz noch nicht offiziell in Kraft ist. Das Gespräch wird so etwas wie eine öffentliche Selbstreflexion: Wir befinden uns nicht nur in einem Krieg Russlands gegen die Ukraine, sondern auch in einem Informationskrieg des Kremls, erkläre ich. Wer sich in Russland gegen das offizielle Narrativ stellt, wird künftig zur Zielscheibe. Ich zähle einige regierungskritische Medien auf, die bereits in den Tagen zuvor von den Behörden geschlossen wurden: der Radiosender *Echo Moskwy*, der TV-Sender *Doschd* und der russische Ableger der BBC. »Wenn ab morgen auch wir den Krieg nur noch Militäroperation nennen dürfen«, resümiere ich, »dann stellt sich schon die Frage, inwiefern wir unserem Publikum in der Berichterstattung aus Russland noch Mehrwert liefern können.« Noch am selben Tag setzt Wladimir Putin das Gesetz mit seiner Unterschrift in Kraft. Und mit einem Schlag fühlt es sich an, als wären alle kritischen Stimmen in Russland verstummt.

Nun geht vieles ganz schnell. Etliche westliche Korrespondentinnen und Korrespondenten verlassen auf den letzten verfügbaren Flügen das Land. BBC, CNN, ARD, ZDF und viele mehr stellen die Berichterstattung vorübergehend ein, andere Medien ziehen ihre Korrespondentenbüros komplett ab.

Wir als ORF-Büro entscheiden uns in Abstimmung mit der Zentrale in Wien für eine Aufteilung des Teams, um die Berichterstattung in jedem Fall weiterführen zu können: Miriam reist vorübergehend nach Wien, um von dort weiter über das Geschehen in Russland berichten zu können, falls uns das in Moskau vollkommen verunmöglicht werden sollte. Meine Kollegin Carola Schneider und ich bleiben in Russland. Carola war zehn Jahre lang Leiterin des Korrespondentenbüros, ist eine der erfahrensten Russland-Korrespondentinnen und fest in Moskau verwurzelt. Zu Kriegsbeginn befindet sie sich in einer Bildungsauszeit, die sie unterbricht, um unser Team in der Ausnahmesituation einen Monat lang zu verstärken.

Doch die zentrale Frage ist: Wie arbeitet man eigentlich unter Zensur? Wie können wir in diesem Korsett von Verboten frei und kritisch berichten, ohne gegen die Gesetze zu verstoßen? Stellen wir unsere Glaubwürdigkeit infrage, wenn wir uns dem Zensursprech eines Kriegsregimes unterordnen? Was sind unsere Berichte wert, wenn sich das Publikum bei jedem Wort Sorgen um unsere Sicherheit machen muss? Und ist es wirklich sinnvoll, in einem immer repressiveren Russland zu bleiben, oder können wir aus einem Nachbarland – Lettland, Georgien, Kasachstan – freier und kritischer berichten?

Während Miriam in den folgenden Tagen im Livestudio in Wien die Lage analysiert und ihre Eindrücke der ersten Kriegswoche schildert, sind es diese Fragen, die mich in Moskau quälen. In der Berichterstattung aus Russland stehen wir vorübergehend auf der Bremse, bis wir mehr über die Handhabung der Zensurgesetze wissen. Es sind bleierne, zähe Tage. Nach einem einwöchigen Berichterstattungsmarathon mit beinahe pausenlosen Liveschaltungen und kaum Schlaf fühle ich mich plötzlich wie geknebelt. Machtlos. Sprachlos.

Dennoch: Dieses Land von innen zu sehen, zu erleben, wie sich diese Gesellschaft verändert, während der Kreml Krieg gegen das Nachbarland führt – das ist meine journalistische Motivation, die mich in Moskau bleiben lässt. Trotz Zensur.

Die Schockstarre währt nicht lange. Am 10. März habe ich meine erste Liveschaltung seit Einführung der Militärzensur. »Live in einer Minute«, sagt mir eine Stimme in den Ohrstöpsel. Ich sitze in Anzug und Krawatte vor der Kamera, drei Scheinwerfer leuchten mir ins Gesicht. Hinter mir der Kreml-Hintergrund bei Nacht. Meine Handflächen sind etwas feucht. Ich murmle meinen Text vor mich hin, diesmal kommt es auf jedes Wort an. »Dreißig Sekunden!« Thema sind die Verhandlungen zwischen Russland und der Ukraine über einen Waffenstillstand, die an diesem vierzehnten Kriegstag ohne Durchbrüche enden. »Zehn Sekunden, Achtung!« Mein Blick fixiert die Kamera. Wenn es gut läuft, erzähle ich jetzt einem Millionenpublikum vor den Fernsehgeräten, warum sich die Konfliktparteien in keinem Punkt einig geworden sind und warum sie trotzdem weiterverhandeln wollen. Wenn es weniger gut läuft, sieht mir eine Million Menschen dabei zu, wie ich über das Wort »Krieg« stolpere. Konzentration, Luft holen, erste Frage: »Seit Tagen gelten in Russland neue Zensurgesetze, wie wirkt sich das konkret auf Ihre Arbeit aus?« Die Moderatorin schickt diese Frage wie vereinbart voraus, um den sogenannten Elefanten im Raum anzusprechen – wie wir denn nun mit der Zensur umgehen. In kurzen Sätzen umreiße ich die Lage – »strenge Gesetze« … »ein Versuch des Kremls, die Informationshoheit zu bewahren« … »wir berichten daher über das militärische Geschehen künftig nicht aus Moskau, sondern aus der Ukraine und der Redaktion in Wien« … – und zum Abschluss der etwas ungelenke Satz: »Das alles macht die kritische Berichterstattung schwieriger, wir werden aber trotzdem im Rahmen der gesetzlichen Möglichkeiten bestmöglich und unabhängig weiterberichten.«

Die Schaltung verläuft pannenfrei, das Wort »Krieg« erweitere ich in der zweiten Antwort um den Zusatz »… der in Russland ›Spezialoperation‹ genannt werden muss«. Die Premiere unter Zensur ist erledigt, der Druck fällt ab, geschafft ist damit allerdings noch nichts. Denn die Berichterstattung bleibt ein Drahtseilakt – jedes Mal aufs Neue. Die unvermeidliche Schere im Kopf, die durch die äußeren Beschränkungen entsteht, stellt einen ständig vor Probleme. Schreibe ich in meinem Text vom »Krieg, der Spezialoperation heißen muss«, von der »Gewalt« in der Ukraine oder vom »Töten« im Nachbarland? Es bleibt ein ständiges Ausloten, Vorantasten und Abwägen. Denn anders als zu Sowjetzeiten gibt es in Putins Russland keinen Zensor, der klar vorgibt, was gesagt oder gedruckt werden darf und was nicht. Weder unsere Liveschaltungen noch TV-Beiträge werden von den Behörden vorab kontrolliert oder im Nachhinein überprüft. Das System Putin setzt auf einen viel perfideren Mechanismus: Selbstzensur. Die Androhung horrender Gefängnisstrafen ist ausreichend, um ein ganzes Land und seine Bevölkerung nachhaltig einzuschüchtern – jedem sitzt die Angst im Nacken, jederzeit ins Visier der Behörden geraten zu können.

Für das Publikum bleibt zwar durch die Aufteilung der militärischen Berichterstattung auf das Büro Kyjiw und die Kolleginnen in Wien weiterhin ein rundes Gesamtbild erhalten – doch wie weit können wir innerhalb der schwammig formulierten gesetzlichen Rahmenbedingungen gehen, und was riskieren wir, wenn wir die unsichtbare Linie überschreiten? Ich stelle diese Frage tatsächlich einmal einem Moskauer Ministeriumsbeamten. Worauf er entgegnet: »Ich kann Ihnen auch nicht sagen, wie Sie zu berichten haben. Das wäre ja Zensur.«

Willkommen in Russland in Zeiten des Krieges. Über Nacht sind wir zu Kriegsberichterstattern geworden, ohne überhaupt im Kriegsgebiet zu sein und ohne den Krieg einfach beim Namen nennen zu können. Und das ist erst der Anfang. Wie so oft in der Geschichte ist Moskau Schauplatz historischer Umwälzungen – von hier aus wird die militärische Aggression gegen die Ukraine befehligt, die Millionen von Ukrainerinnen und Ukrainern unfassbares Leid, Zerstörung und oft auch den Tod bringt. Auch Russland selbst wird durch den Krieg unumkehrbar verändert. In kürzester Zeit schlittert das Land an den Rand des Totalitarismus – Verbote, Unfreiheit und Unterdrückung nehmen ein völlig neues Ausmaß an. In der Gesellschaft brechen tiefe Gräben auf: Hunderte Kriegsgegner und -gegnerinnen landen für ihren Protest hinter Gittern, Millionen andere schweigen. Auf Miriam Beller und mich – sie wird schon bald nach Moskau zurückkehren – warten ereignisreiche, oft traurige, manchmal auch beklemmende Zeiten. Und wir haben dabei ständig einen neuen Begleiter an unserer Seite: das Gefühl, überwacht zu werden.

IM EXIL: AUF DER FLUCHT
VOR DEM REGIME

Miriam Beller

Es ist 13 Uhr am 7. März 2022, ich sitze in dem in Blau gehaltenen *Zeit im Bild*-Studio in Wien der Moderatorin gegenüber. In Moskau blicke ich bei Liveschaltungen stets nur in das Schwarz der Kameralinse. Es ist eine schöne Abwechslung, die Kollegin persönlich zu sehen und nicht nur über den Knopf im Ohr zu hören. Erst am Vortag bin ich in Wien gelandet, nachdem wir als Büro Moskau gemeinsam mit der ORF-Zentrale entschieden haben, dass ich vorläufig von Österreich aus arbeiten soll, damit wir auf jeden Fall eine unabhängige Berichterstattung gewährleisten können, sollten die Zensurbedingungen in Russland zu einschränkend sein. In der mittäglichen *Zeit im Bild*-Sendung sprechen wir über die Proteste in Russland, die Auswirkungen der ersten Sanktionen und die neu eingeführte Militärzensur. Meine Eindrücke sind noch frisch, ich habe viel zu erzählen. Doch mit jedem Tag, den ich länger in Wien bin, habe ich das Gefühl, mehr und mehr den Anschluss an die Geschehnisse in Russland zu verlieren. Als sich abzeichnet, dass das ORF-Büro Moskau trotz Einschränkungen weiterarbeiten kann, plane ich meine Rückkehr. Im Hinterkopf bleibt aber immer die Frage, wie es wohl sein wird, auf Dauer unter der Militärzensur zu arbeiten und in der Berichterstattung auf jedes einzelne Wort achten zu müssen.

Noch ist es aber nicht so weit: Bevor ich nach Russland zu-

rückkehre, will ich die Möglichkeit nutzen, einen Zwischen-
stopp in Georgien einzulegen. Das Land im Südkaukasus hat
sich innerhalb weniger Wochen zu einem Zufluchtsort für
zehntausende Russinnen und Russen entwickelt. Sie alle treibt
in den ersten Wochen nach Kriegsbeginn die Angst, ja sogar
die Panik um, dass Russland seine Grenzen schließen könnte
und sie damit im Land eingesperrt wären. Viele von ihnen sind
Aktivisten oder Journalisten, die wissen, dass die Aggression
nach außen auch mit einer Repressionswelle nach innen ein-
hergehen wird.

Wie viele Menschen Russland nach dem 24. Februar 2022
verlassen haben, lässt sich kaum beziffern, erklärt mir später
der Moskauer Demograf Alexei Rakscha. Er geht davon aus,
dass es allein im Jahr 2022 zwischen 350 000 und 600 000 waren. Während die einen die Landesgrenzen in die Nachbarländer Finnland oder Estland überqueren, fliegen andere in
die Türkei, nach Zentralasien oder nach Armenien und Georgien. Die georgischen Behörden melden, dass im ersten Kriegsjahr mehr als 110 000 russische Staatsbürger ins Land gekommen sind, bei einer Gesamtbevölkerung von gerade einmal
3,7 Millionen. Tiflis, die Hauptstadt Georgiens, hat sich bereits
vor dem Krieg zu einem Zentrum der russischen Exil-Opposi-
tion entwickelt.

Als ich Ende März im frühlingshaften Tiflis ankomme,
werde ich von einer Stadt in Gelb und Blau empfangen. Die
Solidarität vor allem der jungen Georgierinnen und Georgier mit der Ukraine ist überwältigend. Überall wehen ukrainische Fahnen Seite an Seite mit den georgischen. Tiflis ist nicht
einmal 170 Kilometer von der russischen Grenze entfernt,
trotzdem fühle ich mich hier weit weg von der Unfreiheit,
die in Russland herrscht. An Hauswänden, auf Baustellen und

überall, wo sich in den engen Gassen des Stadtzentrums Platz findet, haben Sprayer nicht gerade jugendfreie Slogans gegen den russischen Präsidenten und die russische Armee verewigt, »Fuck Putin« gehört noch zu den harmloseren. Während ich die vielen Flaggen, Plakate und Graffitis fotografiere, überlege ich bereits, ob ich sie vor meiner Rückreise nach Russland wieder löschen muss, um Probleme an der Grenze zu vermeiden.

Viele Menschen, mit denen ich in Tiflis spreche, fürchten vor allem in den ersten Tagen des Krieges einen Angriff Russlands auf Georgien, auch deshalb ist die Solidarität hier so stark ausgeprägt. »Wir wären die Nächsten gewesen, wenn Russlands Plan, Kyjiw innerhalb von wenigen Tagen zu erobern, aufgegangen wäre«, zeigt sich eine junge Georgierin überzeugt, die ich auf einer belebten Straße im Zentrum von Tiflis anspreche. Die georgische Bevölkerung hat schon leidvolle Erfahrungen mit dem großen Nachbarn gemacht. Russland hält mit den Regionen Abchasien und Südossetien zwanzig Prozent des georgischen Staatsgebietes besetzt. Seit dem Kaukasuskrieg 2008 entziehen sich die Regionen der Kontrolle Georgiens, Russland stützt sie bis heute, politisch wie militärisch. Alle Menschen sind sich einig: Die Ukraine kämpft auch für die Freiheit und Unabhängigkeit Georgiens. Tausende gehen in Tiflis gegen den russischen Krieg auf die Straße, unter ihnen auch Russinnen und Russen, die weiß-blau-weiße Fahnen schwenken. Die Farben sind ein Gegenentwurf zu den russischen Nationalfarben Weiß-Blau-Rot und ein neu entstandenes Symbol für ein Russland, das so nicht existiert: demokratisch, frei und ohne Wladimir Putin.

Der Verhaftung entkommen

Bei meinem Besuch in Georgien spreche ich mit zahlreichen Russinnen und Russen, die ihre Heimat nach dem 24. Februar verlassen haben. Sie alle versuchen ihr Leben und ihre Arbeit in Tiflis neu zu ordnen. Einige besuche ich in noch fast leeren Wohnungen, weil sie gerade erst eingezogen sind und nur wenige Habseligkeiten mitnehmen konnten. Als ich Ruslan Lewijew in einer Wohnung im Zentrum von Tiflis treffe, sind die Möbel noch mit Plastikfolie überzogen. Der Blogger und Militärexperte hat Russland bereits am 3. März, nur eine Woche nach Kriegsbeginn, verlassen. Der 35-Jährige hatte allen Grund zur Eile. Lewijew arbeitete in der Vergangenheit unter anderem als IT-Spezialist für den Oppositionspolitiker Alexei Nawalny, mittlerweile untersucht er mit seinem unabhängigen Rechercheprojekt »Conflict Intelligence Team« das Vorgehen russischer Truppen in der Ukraine. Seine Arbeit ist unter der russischen Militärzensur streng verboten. Der Militärexperte ist schon lange im Visier der Behörden, sieben Mal wurde er in den vergangenen Jahren festgenommen. Darüber hinaus erhielt er mehrmals Morddrohungen und wurde in Moskau auf der Straße einmal sogar körperlich angegriffen. »Ich stand schon früher unter Druck. Aber so schlimm wie jetzt war es noch nie. Wir haben deswegen unser Büro geschlossen, die Mitarbeiter evakuiert, und dann habe auch ich das Land verlassen. Einen Tag später standen Beamte des Inlandsgeheimdienstes FSB vor meiner Wohnungstür. Meine Freundin war zu Hause. Ihr sagten sie, dass sie mich verhaften würden, wenn ich zurückkomme.« Wie viele andere Aktivisten und Aktivistinnen führt Ruslan Lewijew seine Arbeit im Exil fort. Er sammelt und analysiert Informationen über das

Vorgehen des russischen Militärs. Er arbeitet mit sogenannter Open Source Intelligence, mit öffentlich verfügbaren Informationen aus Medien, Satelliten- und Luftaufnahmen. In einem auf YouTube veröffentlichten Interview spricht er über die Bombardierung des Atomkraftwerks Saporischschja am 4. März 2022 und sagt, Russland habe das Kernkraftwerk beschossen, nicht die Ukraine. Das genügt den russischen Behörden als Vorwand, um im Mai, in seiner Abwesenheit, seine Verhaftung anzuordnen. Ihm wird vorgeworfen, gefälschte Informationen über das russische Militär zu verbreiten. In Georgien ist er vorerst in Sicherheit.

Ruslan Lewijew gehört zu den prominentesten und exponiertesten Aktivisten, die nach Tiflis geflohen sind. Doch neben den bekannten Oppositionellen suchen auch unzählige andere, die aufgrund ihrer Teilnahme an Protesten oder wegen ihres Engagements in zivilgesellschaftlichen Organisationen in Russland um ihre Sicherheit fürchten müssen, in Tiflis Schutz.

Das ganze Leben in eine Tasche gepackt

Noch bevor ich Ende März 2022 nach Tiflis reise, schickt mir meine Schwester den Kontakt zu einer Bekannten von ihr und legt mir ans Herz, mich mit ihr zu treffen. »Glaub mir, Nino hat viel zu erzählen«, meint sie. Sie hat recht. Ich treffe Nino für ein Interview im Stadtzentrum von Tiflis. Die 28-Jährige hat kurze, braune Locken, trägt eine Brille und ist von schier unerschöpflicher innerer Energie. Sie wurde in Georgien geboren, aber ihre Eltern zogen mit der Familie nach Moskau, als sie zwei Jahre alt war. Sie besitzt sowohl die georgische als auch die russische Staatsbürgerschaft, denkt und träumt in beiden Sprachen. Politisch wurde sie in Russland sozialisiert. Sie hat über Jahre hinweg nicht nur regelmäßig an Demonstrationen gegen Putin und die russische Führung teilgenommen, sondern auch für eine Organisation gearbeitet, die Menschen unterstützt, die bei Protesten festgenommen werden. Wie viele andere wird Nino vom Kriegsbeginn überrascht. Gleich am ersten Tag geht sie demonstrieren. Sie ist überzeugt davon, dass viele es ihr gleichtun werden. Sie hofft, dass die Opposition endlich geeint auf die Straße gehen wird und dass die russische Bevölkerung den Angriff auf die Ukraine nicht einfach hinnehmen wird. Doch ihre Hoffnung wird enttäuscht. »Am ersten Tag waren wir vielleicht dreitausend Menschen. Davon wurde etwa ein Drittel verhaftet. Ich hatte Glück und wurde nicht festgenommen.« Noch will sie glauben, dass es nur der Schock über den unerwarteten Krieg ist, der andere davon abhält, auf die Straße zu gehen. Aber am zweiten Tag sieht Nino noch weniger Demonstrierende. Stattdessen stehen immer mehr Sicherheitskräfte mit Schlagstöcken bereit, um die Proteste im Keim zu ersticken. Nino lässt sich davon nicht einschüchtern und geht in der ersten Kriegswoche weiterhin jeden Tag zu Demonstrationen, aber es nehmen immer weniger Menschen teil. »Zu diesem Zeitpunkt habe ich verstanden, dass die Menschen in Russland Putin einfach machen lassen. Und ich habe begonnen, mit meiner Familie darüber zu sprechen, das Land zu verlassen.« Nino weiß, dass sie weder schweigen kann noch will. Und sie weiß auch, dass sie dafür früher oder später ins Gefängnis kommt. Auch ihre jüngste Schwester, die noch zur Schule geht, will das Land so schnell wie möglich verlassen. Gemeinsam mit ihrer Großmutter reisen sie am 4. März nach

Georgien aus. Nino ist bewusst, dass sie vielleicht nie wieder nach Moskau zurückkehren wird, trotzdem geht sie beim hastigen Packen sehr pragmatisch vor. Neben ihren Dokumenten und ihrem Laptop nimmt sie nur wenig mit, ein paar Jeans, T-Shirts, Pullover, alles hat in einer einzigen Tasche Platz. Den Großteil ihrer Kleidung lässt sie in Moskau zurück. Wichtiger sind ihr die Bücher. Sie packt die wichtigsten ein, lässt andere nach Tiflis nachschicken, doch mehr als die Hälfte muss sie in Moskau zurücklassen.

Ninos Mutter kann sich nicht sofort dazu entschließen, Russland zu verlassen: Sie hat nach dem Tod ihres Mannes hier nicht nur ihre vier Kinder großgezogen, sondern sich in Moskau auch eine Karriere als Dermatologin aufgebaut. All das von heute auf morgen aufzugeben fällt ihr schwer. Auch wenn sie den Krieg verurteilt. Doch Nino gibt nicht nach, sie ist überzeugt, dass die Freiheiten in Russland rapide eingeschränkt werden und der Staat jene, die als »innere Feinde« gesehen werden, bald verfolgen wird – spätestens, wenn Russland den Krieg verliert und im eigenen Land nach Schuldigen sucht. Die Mutter zieht etwas später doch noch nach Georgien, die Wohnung der Familie in Moskau steht bis auf die zurückgelassenen Bücher und einige Möbel leer. Eine Nachbarin sieht ab und zu nach dem Rechten.

Auch nach unserem ersten Treffen bekomme ich über die sozialen Medien mit, dass Nino sich nach und nach an das Leben in der Heimat ihrer Eltern gewöhnt. Sie kann in Georgien weiterhin für die internationale Firma arbeiten, für die sie schon in Moskau tätig war. Als die Idee für dieses Buch entsteht, frage ich sie, ob sie mir nicht erzählen will, wie es bei ihr weitergegangen ist. Wir verabreden uns online, und ich bin nicht überrascht, dass sie sich neben ihrer Arbeit weiterhin politisch und sozial engagiert, wo sie kann, und ukrainischen Geflüchteten in Europa online Englisch-Unterricht gibt.

Als nach der Ausrufung der Teilmobilmachung Ende September 2022 noch mehr russische Emigranten, hauptsächlich wehrfähige Männer, in Georgien Schutz suchen, fährt sie an die georgisch-russische Grenze, um den Neuankömmlingen zu helfen, denn die Lage an der Grenze ist chaotisch. Zwei Wochen lang strömen die Menschen vom kleinen Flughafen der Stadt Wladikawkas zum Hauptgrenzübergang in der Darial-Schlucht nach Georgien. Vom Flughafen bis zum russischen Checkpoint Werchni Lars fährt man unter normalen Umständen eine halbe Stunde mit dem Auto. Nino hat diesen Weg im März selbst genommen. Doch im Herbst ist die Situation gänzlich anders, es gibt kaum ein Vorankommen. Der Andrang ist riesig, der Stau lang, und Taxis sind rar. »Einige haben ein Fahrrad gekauft und sind damit vom Flughafen bis zur Grenze gefahren. Man kann sich vorstellen, wie schwierig das ist, wenn man einen Koffer dabeihat, vor allem, weil das ja eine Bergstraße ist«, sagt Nino. Die Gebirgsstraße, die entlang des Flusses Terek von Nord nach Süd durch den Kaukasus verläuft, ist ein Nadelöhr, durch das die zehntausenden Ausreisewilligen nur mühsam vorankommen. Der Stau an der Grenze ist kilometerlang, Betroffene berichten Nino auch von Schikanen. »Korrupte russische Polizisten haben mit einer Festnahme gedroht, sollten sie kein Bestechungsgeld erhalten. Ich habe mit Personen gesprochen, die umgerechnet mehr als dreitausend Euro ausgegeben haben, nur damit die Polizisten sie durchlassen. Dazu kommen noch die Kosten für die Flugtickets nach Wladikawkas, für Fahrräder oder Taxifahrer.« Mehrere Tage und Nächte müssen die Menschen in der gebirgigen Grenzregion ausharren, ohne Zugang zu Toiletten, oft ohne genügend

Wasser oder Nahrungsmittel und bei eisigen Temperaturen in der Nacht. Die russische Armee rückt nach einigen Tagen an und fischt willkürlich Männer aus der Warteschlange, um zu überprüfen, ob ein Einberufungsbefehl vorliegt. Auch bei der Passkontrolle werden vor allem junge Männer befragt – und in manchen Fällen abgewiesen. Doch auch wer diese Hürden überwindet, hat es noch nicht geschafft, erzählt Nino. »Nach der russischen Passkontrolle kommt man in die sogenannte neutrale Zone. Mit dem Auto durchquert man sie normalerweise in wenigen Minuten, aber im September geht es auch hier nur im Schneckentempo voran. Noch dazu muss man durch mehrere Tunnel, in denen sich die Abgase stauen. Jene, die zu Fuß unterwegs sind, stehen stundenlang in diesen Tunneln und atmen die Abgase ein. Einige sind ohnmächtig geworden.« Auch die georgischen Grenzbeamten weisen immer wieder Personen ab und schicken sie zurück nach Russland. Für jene, die es über die Grenze schaffen, halten Freiwillige wie Nino Wasser und Nahrungsmittel bereit. Sie helfen ihnen aber auch mit Tipps zur Weiterreise. Denn es ist zu dieser Zeit fast unmöglich, in den großen georgischen Städten eine Unterkunft zu finden. Alles ist schon ausgebucht.

Bei ihrer Arbeit als Freiwillige im September bleibt Nino auf georgischem Territorium, die Grenze nach Russland hat sie seit ihrer Ausreise nicht mehr überquert. Sie weiß nicht, ob sie wegen ihres Aktivismus im Visier der Behörden ist, und sie will nicht riskieren, es herauszufinden. Der Großteil ihrer Freunde und Freundinnen hat Russland ebenfalls verlassen. Mit jenen, die noch dort sind, nimmt sie kaum Kontakt auf, weil sie sie nicht gefährden will. »Ich habe Angst, dass es ihnen etwa beruflich schaden könnte, wenn sie eine Nachricht von mir erhalten, denn auf meinem Profilbild sieht man eine ukrainische Flagge. Andere waren mit mir auf Protesten, und ich will sie nicht in Schwierigkeiten bringen, nur weil wir ein bisschen plaudern möchten.« Sie sei nicht der nostalgische Typ, sagt Nino. Ihre Energie steckt sie ganz in die Planung ihrer Zukunft, im Rahmen ihrer Arbeit möchte sie nach Europa ziehen, freiwillig engagieren will sie sich auch dort. Außerdem will sie unbedingt Ukrainisch lernen.

Der Vergangenheit den Rücken kehren

In Tiflis lerne ich auch die 25-jährige Alexandra kennen. Nino hat für mich in verschiedenen Online-Gruppen für russische Einwanderer in Georgien nach Leuten gefragt, die bereit wären, mir ihre Geschichte zu erzählen. Alexandra meldet sich umgehend bei mir, wir treffen uns im zentralen Dedaena-Park, wo sie mir erzählt, wie sie die Wochen nach Kriegsbeginn erlebt hat.

Sie erfährt am 24. Februar 2022 wesentlich früher als viele ihrer Landsleute davon. Sie stammt aus Sankt Petersburg, arbeitet aber zu dieser Zeit im fernen Osten Russlands, in Wladiwostok, für eine NGO im Bildungsbereich. In der Hafenstadt am Pazifik ist es aufgrund der Zeitverschiebung schon früher Nachmittag, als russische Truppen in die gesamte Ukraine einmarschieren. Obwohl die Kriegshandlungen neuntausend Kilometer weit entfernt stattfinden, fängt sie sofort an, ihre Sachen zu packen. Denn die Angst, dass die politische Führung in Moskau die Grenzen schließen könnte, erfasst alle Ecken des flächenmäßig größten Staates der Erde. Alexandra hat 2018 als Praktikantin für die Stiftung für Korruptionsbekämpfung von Alexei Nawalny gearbeitet, sie befürchtet, dass in Russland bald auch die letzten politischen Freiheiten gestrichen werden und sie dann womöglich gar nicht mehr ausreisen darf. Die Stiftung wurde 2021 von den russischen Behörden verboten und als extremistisch eingestuft. Viele Unterstützer und Mitarbeiter wurden nach und nach verhaftet und angeklagt. Alexandra selbst hatte noch keine Probleme mit den Behörden, doch ihr ist klar, dass mit dem Kriegsbeginn die Verfolgung aller Andersdenkenden schnell zunehmen wird. In Russland zu bleiben ist für sie keine Option. Sie fliegt neun Stunden nach Moskau, um ihre Weiterreise nach Georgien zu organisieren, wo bereits Freunde auf sie warten. »Dieser Flug war der schlimmste meines Lebens. Ich konnte nichts essen und nichts trinken. Ich habe nur vor mich hingestarrt. Ich bin über ganz Russland geflogen, und es kam mir vor, als würde dieser Flug nie enden. Dieses riesige Territorium, das offenbar nicht auf menschliche Art und Weise regiert werden kann. Es ist wie ein schwarzes Loch, das andere Länder aufsaugt.« Auf dieser Reise vom einen zum anderen Ende Russlands beginnt für Alexandra ein Loslösungsprozess von ihrem Heimatland.

Die Weiterreise nach Georgien ist schwierig, nicht nur, weil es zu dieser Zeit keine Direktflüge zwischen Moskau und Tiflis gibt. Tickets für Flüge aus Russland hinaus sind eine Woche nach Kriegsbeginn Mangelware. Die Menschen verlassen das Land in Scharen, die Flugpreise steigen ins Unermessliche. Flüge von Moskau nach Istanbul kosten zeitweise mehr als zehntausend Euro. Schließlich schafft Alexandra es, ein Flugticket nach Aserbaidschan zu ergattern. Doch in der Nacht vor ihrer Abreise wird ihr Flug, wie so viele andere, in letzter Minute gestrichen. Immer mehr Fluglinien stellen ihre Flüge von und nach Russland ein. Zu diesem Zeitpunkt hat Alexandra bereits ihre gesamten Ersparnisse aufgebraucht. Zum Glück helfen ihr Freunde und buchen ein Flugticket über Istanbul nach Tiflis für sie. Am 10. März kommt sie in der georgischen Hauptstadt an. »In der ersten Nacht habe ich mich ununterbrochen übergeben. Ich dachte, so etwas gibt es nur in Filmen. Aber ich habe mich gefühlt, als wäre ich vergiftet. Vielleicht war es der Schock oder das Gefühl der Erleichterung, ich weiß es nicht.«

Der Entschluss, nach Georgien auszuwandern, ist ein Befreiungsschlag, aber mit ihrer Ausreise aus Russland hat Alexandra auch ihren NGO-Job verloren, ihre Ersparnisse sind aufgebraucht, und mit ihrer Familie hat sie sich entzweit. Ihre Eltern und ihre Großmutter bezeichnen sie als Verräterin. Sie können nicht verstehen, warum sie Russland verlassen hat und schlecht über ihr Heimatland spricht. Ihre Familie ist, wie so viele andere in Russland, überzeugt, dass ihr Land auf der richtigen Seite der Geschichte steht. Dafür sorgt das russische Staatsfernsehen, das den ganzen Tag hasserfüllte Staatspropaganda sendet. So glauben auch Alexandras Eltern, dass Russland in der Ukraine gegen »Nazis« und »Faschisten« kämpft und dass jene, die Russland verlassen, Staatsverräter sind. So hören und sehen sie es tagtäglich in den russischen Medien, und sie hinterfragen es nicht. Alexandra versucht trotzdem, Kontakt zu halten. Sie hat eine Schwester im Teenageralter, die sie in dieser Situation nicht allein lassen will, und von der sie hofft, dass sie nach der Schule im Ausland studieren kann, sofern es die Eltern nicht verhindern. Denn für diese ist der Westen der Inbegriff des Bösen. Alexandra hat versucht, mit ihnen eine Gesprächsbasis zu finden, vergebens. Zu tief ist die Propaganda schon ins Bewusstsein ihrer Familie eingedrungen. Sie macht sich Vorwürfe, dass sie in den vergange-

nen Jahren nicht versucht hat, auf ihre Eltern und ihre Großmutter einzuwirken. »Das ist ja nicht über Nacht passiert. Ich
hätte ihre Aussagen früher ernst nehmen müssen. Aber ich
war mit meinem eigenen Leben beschäftigt. Ich dachte, es
genüge, dass ich selbst an Protesten teilnehme, mich zivilge-
sellschaftlich engagiere und eine aktive Bürgerin bin. Ich hätte viel genauer hinhören sollen, wenn sie schlecht über andere Nationalitäten oder über Homosexuelle geredet haben. Ich
hätte verstehen müssen, wohin das führen kann. Mein Fehler war, dass ich es nicht kommen gesehen habe.« Am liebsten
würde Alexandra einen langen Urlaub für ihre Familie organisieren, am Meer, ganz ohne Zugang zu russischen Staatsmedien. »Ich weiß nicht, ob sie es aushalten würden, denn dann
müssten sie sich entspannen und anfangen nachzudenken. Ich
bin mir nicht sicher, ob sie dazu noch in der Lage sind, denn sie
sind fast süchtig nach der Propaganda. Sie können nicht mehr
selbst denken, das ist das Schlimmste.«

Nicht nur mit ihrer Familie, auch mit vielen Russinnen und
Russen, die nach Tiflis gekommen sind, hat Alexandra Mühe.
»Vielen ist nicht klar, wo sie sind. Sie denken, dass es sich bei
Georgien immer noch um diese ehemalige Sowjetrepublik
handelt, in der die Menschen sie willkommen heißen und Russisch mit ihnen reden. Da haben einige bei der Ankunft sicher
einen ziemlichen Schock erlebt. Sie haben sich zuvor weder
über die Lage in den von Russland besetzten Gebieten Abchasien und Südossetien informiert, noch wissen sie, wie die Menschen in Georgien zu Russland und zur russischen Sprache stehen.« Während vor allem ältere Menschen in Georgien noch
Russisch sprechen, möchten viele Jüngere die Sprache nicht
mehr verwenden. Russisch ist, wie in der Ukraine, zur Sprache
des Aggressors geworden. Die junge georgische Bevölkerung,

die in Richtung EU strebt, spricht lieber Englisch, und das meist perfekt.

Nach unserem ersten Interview im März 2022 bleiben Alexandra und ich in Kontakt. Fast genau ein Jahr später verabreden wir uns zu einem abendlichen Videotelefonat. Ich sitze in meinem Wohnzimmer in Moskau, sie ist immer noch in Tiflis und lebt mittlerweile in einer eigenen Wohnung.

Je länger sie in Tiflis ist, erzählt sie mir an diesem Abend, desto mehr taucht sie in Kunst, Kultur und Politik ihres Gastgeberlandes ein, und immer stärker fällt ihr die Kluft zwischen der jungen Stadtbevölkerung in Tiflis und der georgischen Politik auf: Die Jungen sehen ihre Zukunft in Europa, die politische Elite jedoch ist trotz der konfliktreichen jüngeren Geschichte immer noch eng mit Russland verbunden. Im Frühjahr 2023 ist im georgischen Parlament ein Gesetz zu sogenannten ausländischen Agenten in Planung. Unter dieser Bestimmung müssten sich georgische NGOs und Medien, die sich zu mehr als zwanzig Prozent mit Geld aus dem Ausland finanzieren, als »ausländische Agenten« registrieren. Angelehnt ist der Gesetzesentwurf an ein ähnliches Gesetz, das in Russland gilt. In Alexandra weckt das Vorhaben der georgischen Regierung düstere Erinnerungen. Sie weiß, wie die russische Regierung dieses Gesetz schon vor dem Krieg genutzt hat, um die Zivilgesellschaft einzuschüchtern. An den Demonstrationen in Tiflis im März 2023 nimmt sie teil, um ihre georgischen Freunde darin zu unterstützen, den russischen Einfluss im Land zurückzudrängen. Die Polizei geht mit Tränengas und Wasserwerfern gegen die Protestierenden vor. Alexandra sieht nur wenige andere Russinnen und Russen bei diesen Kundgebungen. »Die Georgier scherzen, normalerweise höre man in Tiflis überall Russisch. Doch in diesen drei Protestnächten, in denen hunderttausend zusätzliche Menschen in der Stadt wirklich hilfreich gewesen wären, seien alle Russen auf einmal verschwunden.« Die Proteste bringen die georgische Regierung trotzdem dazu, den Gesetzesentwurf vorerst wieder fallen zu lassen. Für Alexandra ist es ein befreiendes Gefühl, dass Widerstand aus der Bevölkerung tatsächlich politische Veränderung herbeiführen kann.

Sie empfindet Georgien als das Land, das ihr die Freiheit geschenkt hat. Hier hat sie neue Freundschaften geschlossen, und hier erfindet sie sich selbst neu. Russisch spricht sie nur mehr, wenn es wirklich nötig ist, ihr russischer Pass ist für sie wie ein ungeliebter Fremdkörper, den sie mit sich herumtragen muss. Sie versucht sich in Georgien zu integrieren und lernt die Sprache. Den Buchstaben T hat sie sich in georgischer Schrift auf den Arm tätowieren lassen. Das T steht dabei für Tiflis und »Tawisupleba«, das georgische Wort für Freiheit. Auch wenn sie sich dem Land sehr verbunden fühlt, ist es ungewiss, wie lange Alexandra noch in Georgien bleibt. Sie möchte versuchen, in den USA einen Job zu finden, dort hat sie bereits Teile ihres Journalismus-Studiums absolviert. Wann und ob sie je wieder in ihre Heimat zurückkehren wird, weiß sie nicht. Die Brücken zu ihrem alten Leben in Russland hat sie abgebrochen.

Flucht vor der Mobilmachung

Nicht nur nach Georgien, auch in die Länder Zentralasiens wandern viele Russen und Russinnen aus. Üblicherweise verläuft die Migrationsbewegung in die andere Richtung: Schätzungen zufolge leben rund neun Millionen Migrantinnen und Migranten aus Zentralasien in Russland. Sie arbeiten oft unter schwierigsten Bedingungen für wenig Geld im Bausektor, im Pflege- und Servicebereich oder als Taxifahrer und Fahrradkuriere. Sie sind von zentraler Bedeutung für die russische Wirtschaft, gleichzeitig sind sie ständig mit Diskriminierung und Rassismus konfrontiert. Wer in Moskau unterwegs ist, sieht in der U-Bahn oder auf der Straße regelmäßig, wie Sicherheitskräfte zentralasiatisch aussehende Männer gezielt kontrollieren und manchmal auch drangsalieren. Diese Männer stammen aus Kirgistan, Tadschikistan, Usbekistan und zu einem geringeren Anteil auch aus Turkmenistan und Kasachstan. Nach Beginn der Teilmobilmachung im Herbst 2022 beginnt ein Exodus in die andere Richtung. Plötzlich suchen Menschen aus Russland Zuflucht in den zentralasiatischen Nachbarländern.

Im Frühjahr 2023 reise ich nach Kasachstan. Es ist das größte Land in Zentralasien und zieht besonders viele russische Emigranten an. Laut kasachischem Innenministerium sind 146 000 Menschen nach dem 21. September 2022 aus Russland nach Kasachstan eingereist und auch die darauffolgenden Monate im Land geblieben.

Die meisten kommen in der Hauptstadt Astana und der Wirtschaftsmetropole Almaty unter. In Kasachstan fallen sie deutlich weniger auf als in Georgien, nicht nur aufgrund der schieren Größe des Landes, sondern auch, weil knapp sechzehn Prozent der kasachischen Bevölkerung selbst ethnische Russen sind. Dennoch gilt die Solidarität der überwiegenden Mehrheit der kasachischen Bevölkerung der Ukraine. Der große Nachbar Russland, normalerweise ein enger Verbündeter, wird auch in Kasachstan immer unbeliebter.

Vor allem seit den landesweiten Protesten Anfang Januar 2021 sind viele Kasachinnen und Kasachen schlecht auf Russland zu sprechen. Preiserhöhungen an Tankstellen hatten damals Proteste im Westen Kasachstans ausgelöst, die allgemeine Unzufriedenheit trieb die Menschen innerhalb weniger Tage im ganzen Land auf die Straße. Unter die friedlichen Demonstrierenden mischten sich in Almaty politische Gruppierungen, die die Proteste für einen internen Machtkampf nutzen wollten. Präsident Kassym-Schomart Tokajew sprach von einem versuchten Staatsstreich und ließ die Proteste mit Waffengewalt brutal auflösen – nach offiziellen Angaben starben mehr als 230 Menschen, unabhängige Beobachter gehen von noch wesentlich höheren Opferzahlen aus. Moskau spielte eine entscheidende Rolle in der Niederschlagung der Unruhen, denn auf Bitte des kasachischen Präsidenten entsandte die von Russland angeführte Organisation des Vertrags über kollektive Sicherheit (OVKS) rund zweitausend überwiegend russische Soldaten nach Kasachstan. Die Truppen verließen das Land nach vier Tagen wieder, doch die Gewalt der kasachischen Sicherheitskräfte und die Erfahrung, russische Truppen auf dem eigenen Boden zu haben, hallen in der Bevölkerung weiter nach. Immer wieder schwingt bei meinen kasachischen Gesprächspartnern und -partnerinnen auch die Angst mit, dass Russland ähnlich wie in der Ukraine die russische Minderheit im Land zum Vorwand nehmen könnte, um Territorialansprüche in der ehemaligen Sowjetrepublik zu stellen.

Das zunehmend distanzierte Verhältnis zu Russland führt auch dazu, dass das Nationalbewusstsein der Kasachinnen und Kasachen stärker wird, auch die Nationalsprache Kasachisch gewinnt immer mehr an Bedeutung. Russisch bleibt im Alltag aber weiterhin allgegenwärtig. Doch die Menschen drücken sich hier, zumindest in Bezug auf den Krieg in der Ukraine, viel freier aus, denn in Kasachstan gibt es keine Militärzensur.

In meinem Hotel in Astana läuft in der Lobby der russischsprachige Kanal von *Euronews*, einem paneuropäischen Rundfunk-
unternehmen mit Sitz in Frankreich. Auf dem Bildschirm ist
gerade ein Beitrag über die Verschleppung ukrainischer Kinder nach Russland zu sehen – ein Bericht, der in Russland in
dieser Form undenkbar wäre. Der Inhalt verstößt klar gegen
die Zensur, der Sender ist auf russischem Territorium schon
lange blockiert. Es fühlt sich seltsam an, in einem halböf-
fentlichen Raum Nachrichten auf Russisch zu sehen, die kritisch über Russland berichten. Ich blicke mich um, niemand
scheint es merkwürdig zu finden. Auf der Straße kann ich die
Menschen offen nach ihrer Meinung zum Krieg und zum russischen Präsidenten befragen, ohne dass ich dabei auf meine
Wortwahl achten muss, meine Gesprächspartner verwenden
das Wort Krieg ohne zu zögern und üben offen Kritik an Wladimir Putin, ohne sich an der ORF-Kamera zu stören.

Dabei wird auch Kasachstan autoritär regiert. Präsident
Kassym-Schomart Tokajew hat zwar politische Reformen versprochen, aber die Freiheit der politischen Opposition, der
unabhängigen NGOs und der Medien ist weiterhin stark eingeschränkt. Umso mehr fällt mir hier auf, wie besorgniser-
regend die Situation in Russland geworden ist. Im jährlichen
Ranking der Pressefreiheit von Reporter ohne Grenzen liegt
Kasachstan im Jahr 2023 auf dem schlechten Rang 134, Russland weit dahinter auf Rang 164 von insgesamt 180.

Ein Neuanfang ohne Angst

In der Wirtschaftsmetropole Almaty im Süden des Landes treffe ich Pawel und Lena, sie sind verheiratet, Anfang dreißig und im Herbst 2022 aus Russland geflohen. Mitte März 2023 erzählen mir die beiden in einem kleinen, modernen Café am Stadtrand von Almaty bei Kaffee und Kuchen von ihrer Emigration. Pawel hatte nicht viel Zeit zum Überlegen. Weniger als eine Woche, nachdem Wladimir Putin die Teilmobilisierung verkündet hat, wird ihm die sogenannte Powestka, der Einberufungsbefehl, an seinen Arbeitsplatz in Moskau zugestellt. Pawel selbst ist zu dieser Zeit nicht anwesend. Er soll im Militärkommissariat erscheinen, es gehe nur um die Zustellung seiner Daten. Er glaubt kein Wort davon. Für die russische Armee in einem Krieg zu kämpfen, den er verurteilt, kommt für ihn nicht infrage. Seine Koffer sind bereits gepackt, er will ohnehin ausreisen, allerdings war seine Abreise erst für zwei Tage später geplant. Er wollte sich noch von seinen Eltern verabschieden, aber zum vereinbarten gemeinsamen Abendessen kommt es nicht mehr. Seine Frau Lena bleibt noch für einige Zeit in Moskau, verkauft den Großteil der Habseligkeiten des Ehepaares über eine Onlineplattform und organisiert die Reise für sich und ihren Hund, einen kleinen Corgi, den sie nicht zurücklassen wollen. Pawel fliegt unterdessen in eine Stadt an der russisch-kasachischen Grenze. Er hat bewusst einen besonders abgelegenen Grenzübergang für seine Ausreise gewählt, in der Hoffnung, dass dieser nicht mit dem zentralen Informationssystem der russischen Behörden verbunden ist, in dem auch sein Einberufungsbefehl registriert ist. Lena und Pawel haben schon von einigen Männern gehört, die beim Versuch, über die Grenze nach Georgien oder Kasachstan zu gelangen, abgewiesen wurden. Pawel hat Glück, er wird durchgelassen. »Ich erinnere mich, was die Beamtin an der Grenze zu mir gesagt hat: ›Sie wollen gut leben, aber nichts dafür tun.‹ Bis heute weiß ich nicht, was sie gemeint hat. Für sie bedeutet ›gut leben‹ offenbar, in einem anderen Land Menschen zu töten. Die Grenzbeamten auf der kasachischen Seite haben mich dagegen sehr herzlich begrüßt. Sie waren unglaublich freundlich, und ich habe mich gefühlt, als wäre ich nach Hause zurückgekehrt und nicht als Gast gekommen.«

Er findet Unterstützung bei einer kasachischen Familie, sie helfen ihm bei der Organisation der Weiterreise und lassen ihn bei sich übernachten. Lena, die noch in Moskau ist, ist erleichtert und dankbar für die Hilfe. »Ich war so froh, dass er es geschafft hat. Ich habe so viele Berichte darüber gelesen, wie Kasachen den Russen geholfen haben. Diese Nachrichten haben mich sehr aufgebaut. Wie unglaublich toll sind diese Menschen, habe ich mir gedacht.«

Lena folgt ihrem Mann bald nach Kasachstan, das Ehepaar baut sich in Almaty innerhalb weniger Monate ein neues Zuhause auf. Pawel findet einen Job als Verkaufsleiter in einem Logistikunternehmen, das sichert dem Ehepaar auch einen langfristigen Aufenthaltstitel. Seine Frau kann vorläufig weiter für ihr altes Unternehmen in Moskau arbeiten. Seit zehn Jahren sind die beiden ein Paar, ihre Zukunftspläne wurden mit einem Schlag völlig auf den Kopf gestellt. Doch für Lena sind das Kleinigkeiten. »Ich muss immer daran denken, wie mir eine Verwandte aus Charkiw erzählt hat, wie sie aus ihrem Haus vor Bomben fliehen musste. Natürlich sind auch wir in einer schwierigen Situation, aber das sind alles lösbare Probleme. Das Wichtigste ist, dass Pawel Russland verlassen konnte.«

Lena und Pawel sind vor allem froh, frei über den Krieg

sprechen zu können. Das Moskau, das Lenas Zuhause war, gibt es für sie nicht mehr. »Es herrscht dort eine Atmosphäre, als ob man in einem großen Gefängnis lebte. Man darf nichts sagen und nichts tun. In dieser Düsternis kann man auf Dauer nicht leben. Von diesem Stress wird man krank, da ist es einfacher, neu anzufangen.«

An der Grenze

Meine Rückreise von Almaty nach Moskau endet so, wie fast alle meine Reisen nach Russland seit Kriegsbeginn enden: im Wartebereich eines Flughafens vor den Passkontrollen, um dann von einem Beamten des Inlandsgeheimdienstes FSB zur Befragung aufgerufen zu werden.

Die Einreisen nach Russland sind seit Kriegsbeginn regelmäßig eine Geduldsprobe. In unseren Visa ist festgehalten, dass wir uns als Journalisten im Land befinden. Schon ein erster Blick auf diesen Vermerk lässt die meisten Grenzbeamtinnen und -beamten zum Telefon greifen. Wenn man Glück hat, geht es danach trotzdem schnell, man bekommt seinen Stempel und darf einreisen. Wenn man Pech hat, wird man gebeten, auf der Seite zu warten, der Pass verschwindet derweil in den Händen eines herbeigerufenen Grenzbeamten. Ich habe meistens Pech.

In den sozialen Netzwerken wird unter Expats und Korrespondenten schon bald nach Kriegsbeginn diskutiert, an welchem Moskauer Flughafen die Wahrscheinlichkeit am höchsten ist, befragt zu werden. Der Flughafen Scheremetjewo ist der unbeliebteste, hier werden westliche Journalistinnen und Journalisten eine Zeit lang besonders gerne in die Mangel genommen. An den Flughäfen Domodedowo und Wnukowo, so die einhellige Meinung, sind die zuständigen Behörden entspannter.

Wie es oft der Fall ist mit anekdotischen Beweisen, stimmen sie mit den eigenen Erfahrungen nicht ganz überein. Meine allererste Befragung erlebe ich am Flughafen Wnukowo, in Domodedowo werde ich einmal sogar bei der Ausreise von drei sehr interessierten FSB-Beamten befragt. Die Grenzkontrolle am Flughafen Scheremetjewo lerne ich aber tatsächlich am besten kennen. In langen Schlangen warten die Reisenden vor den Schaltern, während dutzende Uniformierte in ihren Kabinen einen Pass nach dem anderen entgegennehmen und stempeln, oder eben nicht stempeln. Wird man hier zur Seite genommen, kann man aus dem Wartebereich zusehen, wie die Grenzbeamtinnen und -beamten auf Zuruf eines Vorgesetzten ihre Kabinen verlassen, wenn alle Passagiere der zuletzt gelandeten Maschine abgefertigt sind. Ihre großen Stempel in der Hand, treten sie anscheinend alle gleichzeitig ihre Pause an. In ihren hellblauen Blusen, dunkelblauen Röcken und Stoffhosen strömen sie aus den Kabinen durch die Halle, vorbei an den glücklosen Wartenden, und verschwinden hinter einer Tür. Die Jalousien aller Passkontrollkabinen werden automatisch heruntergelassen, ein eindeutiges Zeichen, dass man noch ein wenig Geduld haben muss. Menschen aus Zentralasien und vor allem Reisende mit dunkelblauen ukrainischen Pässen in der Hand werden regelmäßig von den Grenzschützern, die dem Inlandsgeheimdienst FSB unterstellt sind, befragt. Dazu kommen Bürgerinnen und Bürger westlicher Staaten, die von Russland als »unfreundlich« eingestuft werden.

Bei einer Einreise spätabends halte ich wie üblich meinen Kollegen Paul über mein Vorankommen auf dem Laufenden,

während ich mich in die Warteschlange zur Passkontrolle ein-
reihe. Maximal drei Stunden dürfen wir ohne Protokoll und
konkreten Vorwurf einvernommen werden. Für den Fall, dass
wir länger festgehalten werden und Hilfe brauchen, ist auch
eine Anwältin stets über unsere Einreisen informiert, eine rei-
ne Vorsichtsmaßnahme. Meine Hoffnung, wenigstens einmal
problemlos durch die Passkontrolle zu kommen, wird schnell
enttäuscht. Die Beamtin inspiziert meinen Pass und führt mit
ihrer Kollegin am Nebenschalter eine angeregte Diskussion
über die Tatsache, dass ich ein Korrespondentenvisum habe,
und wie denn mit mir zu verfahren sei. Ich werde zur Seite genommen und muss wieder einmal im Wartebereich Platz nehmen, während mein Pass von den FSB-Beamten in ihren Bü-
ros überprüft wird. Nach gut einer halben Stunde werde ich
zur Befragung aufgerufen, die in einem fensterlosen Einver-
nahmezimmer stattfindet. Der FSB-Beamte, der mir am Tisch
gegenübersitzt, scheint genauso wenig Lust darauf zu haben
wie ich. Während unseres Gesprächs macht er sich Notizen,
nicht etwa auf einem Laptop oder Tablet, sondern auf einem
weißen Blatt Papier, das er mehrmals zusammengefaltet hat.
Irgendwann hat er das Blatt vollgeschrieben, er kritzelt unle-
serlich am Rand weiter. Während der Befragung überlege ich,
was wohl mit diesem Blatt Papier nach unserem Gespräch geschieht. Gibt es eine eigene Arbeitskraft, die diese unleserli-
chen Notizen abtippt? Gibt es eine Stelle, an der all diese Unterlagen gesammelt werden? Wohl kaum, sonst müsste ich
nicht jedes Mal alles von vorne erzählen: Adresse, Grund des
Aufenthalts, Arbeitsplatz, Name des Unternehmens, die letzten Aus- und Einreisen. Hat dieser Mann überhaupt einen
Blick in meinen Pass geworfen? Sieht nicht so aus. Der FSB-
Beamte scheint unzufrieden, ob mit mir und meinen Antwor-

ten oder mit seinen eigenen Fragen, ist mir nicht ganz klar. Er fragt nach meiner Telefonnummer. Aus einem Reflex heraus ziehe ich mein Telefon aus der Tasche und lege es vor mich auf den Tisch, ein Fehler, wie ich – zu spät – bemerke. Er fragt, ob er das Telefon kurz haben dürfe, und hat es schon in der Hand. Er tippt geübt eine Tastenkombination ein, die IMEI-Nummer meines Smartphones wird angezeigt, er notiert sie. Diese Nummer erlaubt die eindeutige Identifikation des Geräts und ermöglicht die genaue Verfolgung des Standorts durch die Behörden.

Der Grenzbeamte klickt sich noch durch einige Fotos und fragt mich, wer darauf zu sehen sei. Es sind Familienfotos, Eltern, Bruder, Schwester, Freund. Unsere Anwältin erinnert uns immer wieder daran, dass wir bei den Befragungen darauf bestehen können, dass solche Fragen absolut nichts mit unserer Arbeit zu tun haben und wir die Antwort deshalb verweigern können. Aber ich bin zu verblüfft von der Absurdität der Situation, um zu protestieren.

Ich bekomme mein Telefon zurück, aber der Beamte scheint immer noch nicht zufrieden. Er überlegt laut, was er mich noch fragen könnte, und will die Namen und Telefonnummern der russischen Mitarbeiterinnen und Mitarbeiter des ORF-Büros in Moskau wissen. Ich verliere langsam die Geduld, denn unser gesamtes Team ist beim russischen Außenministerium gemeldet und somit den Behörden bekannt. Der Beamte probiert es noch ein paar Mal, aber ich stelle mich dumm, und mein Russisch wird demonstrativ um einiges schlechter. Ob er einen meiner TV-Beiträge im Internet anschauen könne, schwenkt er auf meine Arbeit um. Nein, sage ich nur. Ich hoffe, dass es ihm jetzt endgültig reicht, aber dann kommt doch noch die unvermeidliche Frage, die mir fast jedes

Mal gestellt wird. »Was ist Ihre Meinung zu den aktuellen Ereignissen?« Mit den »aktuellen Ereignissen« meint er natürlich den Krieg. Aber ein FSB-Beamter darf den Krieg nicht als solchen bezeichnen und muss seine Frage verklausulieren. Gut, denke ich mir, »aktuelle Ereignisse«, das könnte sich ja auch auf die Sanktionen beziehen. Ich erzähle ihm also, wie kompliziert es derzeit sei, von Europa nach Russland zu reisen. Er kritzelt weiter auf seinen Zettel.

Schließlich gibt der FSB-Mann auf. Er holt einen weiteren Kollegen, übergibt ihm meinen Pass, und ich werde wieder zurück zu den nächtlich verlassenen Schaltern geführt. Eine Grenzbeamtin sperrt ihre Kabine wieder auf und kontrolliert meinen Pass so gründlich, als wäre er nicht in den vergangenen zwei Stunden durch zahlreiche Hände gegangen. Dann darf ich endlich einreisen.

SANKTIONEN: PUTINS WIRTSCHAFT
UNTER DRUCK

Paul Krisai

»Dreiundsiebzig! Bestellung dreiundsiebzig ist bereit zur Abholung!«, schallt eine Frauenstimme über die Köpfe der Wartenden hinweg. Es ist Mittagszeit in Moskaus bekanntester McDonald's-Filiale auf dem Puschkinplatz, und es herrscht Hochbetrieb: Von draußen drängen Kunden herein, Mitarbeiterinnen in ihren braunen Uniformen schwirren durch die Küche, der Geruch von Frittierfett liegt in der Luft.

Es ist der 9. März 2022. Tags zuvor hat das Management des US-amerikanischen Fastfood-Riesen bekanntgegeben, alle 850 McDonald's-Filialen in Russland bis auf Weiteres zu schließen. McDonald's ist nur eines von hunderten ausländischen Unternehmen, die in den ersten Kriegswochen Russland den Rücken kehren. Während die EU, die USA und ihre Verbündeten die russische Wirtschaft mit nie dagewesenen Sanktionen überziehen, verlassen viele westliche Unternehmen den russischen Markt freiwillig, um einem gröberen Imageschaden zuvorzukommen. So ist es auch bei McDonald's, doch dieser Abgang hat eine besondere Symbolik. Das spüren auch die Menschen, die sich an diesem Märztag noch einmal um Burger und Pommes anstellen: »Es ist schrecklich«, sagt mir ein Mann, während er seine Bestellung aufgibt, »damit geht eine ganze Epoche zu Ende. Diese Ära hat 1990 hier am Puschkinplatz begonnen, und hier endet sie auch.«

Tatsächlich haben sich die Bilder der Eröffnung der ersten

McDonald's-Filiale am Moskauer Puschkinplatz ins nationale Gedächtnis eingeprägt: Mehr als 30 000 Menschen standen damals kilometerlang Schlange, um einen der begehrten Hamburger zu ergattern. Es war die Zeit des Umbaus, der Perestroika. Sowjetpräsident Michail Gorbatschow ließ erstmals eine Öffnung des Landes Richtung Westen zu, und die US-Fastfood-Kette mit dem geschwungenen M – für den sowjetischen Markt prangten sogar Hammer und Sichel auf dem Logo – wurde zum landesweiten Symbol dieser Aufbruchstimmung.

Knapp 32 Jahre später endet diese Epoche. Wie in einem Trauerzug stehen die Menschen vor der Bestelltheke aufgereiht, den Blick schweigsam auf ihre Smartphones gerichtet, während sie auf ihren vielleicht letzten Big Mac warten. »Es ist schon traurig«, sagt mir eine junge Frau ins Mikrofon, »jetzt werden wir halt mehr zu Hause sitzen und selbst kochen müssen.« Eine andere Kundin meint: »Mir macht das überhaupt nichts. Wenn es keinen McDonald's mehr gibt, gehe ich eben woandershin. Es wird immer Alternativen geben.« Doch zum Burger-Fasten wird in Russland niemand gezwungen werden, wie sich bald zeigt.

Nur drei Monate später öffnet McDonald's am Moskauer Puschkinplatz erneut seine Pforten – unter nunmehr russischem Eigentümer, mit neuem Logo und neuer, etwas eigenwilliger Bezeichnung: »Lecker – und Punkt«. (Das klingt im Russischen genauso seltsam wie im Deutschen – und kommt noch dazu mit einem leicht passiv-aggressiven Unterton daher: »Das muss euch jetzt schmecken – und basta!«) Fast wie im Jahr 1990 hat sich vor dem Restaurant eine Menschenschlange gebildet. Der Medienandrang ist enorm. Sogar der Moskauer Bürgermeister Sergei Sobjanin ist gekommen. »Wir haben uns Sorgen gemacht um das Schicksal der Mitarbeiter und der Zulieferer – das sind zigtausende Arbeitsplätze«, sagt der Stadtchef in einer kurzen Rede. »Es wird allgemein gesagt, dass das hier amerikanisches Essen ist, dabei sind alle Zutaten aus Russland. Wir ändern also heute nur die Marke und das Türschild, der Rest bleibt beim Alten.«

Einige Änderungen gibt es dann doch: Das Menü wird verkleinert und an vielen Stellen umbenannt – der bekannte Big Mac wird zum »Grand« –, und die Getränke der Marke Coca-Cola fehlen in der Karte völlig. Auch der gleichnamige Konzern hat sich nämlich für einen Rückzug aus dem russischen Markt entschieden.

Die Neuübernahme von McDonald's wird in Russland zur Staatsangelegenheit erhoben. Das zeigt allein ein Blick auf die Männer, die bei der Eröffnung am Puschkinplatz das rote Band durchschneiden: Da stehen neben dem Moskauer Bürgermeister der sibirische Kohlemagnat und Kremlgünstling Alexander Gowor, der alle 850 Filialen aufgekauft hat, und Alexander Wedjachin, Vize-Vorsitzender der Sberbank, der größten russischen Bank. Ganz überraschend ist dieses Großaufgebot an Regimevertretern und Oligarchen nicht, denn es geht hier nicht nur um irgendeinen Burger-Laden, sondern um 62 000 russische Arbeitsplätze und noch einmal rund 100 000 Jobs bei den Zulieferbetrieben. Vor allem aber geht es um den Nationalstolz. »Wir können das mindestens genauso gut«, lautet die Botschaft, die diese generalstabsmäßig geplante Wiedereröffnung aussenden soll. »Mir schmeckt es jetzt sogar besser als früher«, sagt mir bei einem späteren Besuch eine Kundin, »das ist jetzt *unser* McDonald's.« Meine Geschmacksknospen können im Selbsttest keinen wesentlichen Unterschied feststellen. Die schaumstoffartige Konsistenz, der synthetisch anmutende Käse, das pappige Fleischlaibchen – alles schmeckt wie gewohnt, nur die Verpackung wirkt improvisiert. Essen und Getränke werden in unbedrucktem, weißem Karton serviert. Einzig die Ketchup-Portion der Marke McDonald's erinnert an vergangene Zeiten – offenbar werden hier Restbestände aufgebraucht, denn das gelbe M auf der Verpackung ist händisch mit Filzstift übermalt. Auch das zeichnet ein Bild von Russland im Kriegszustand: Nach innen täuscht es Normalität vor, den Sanktionen zum Trotz. Alles ist gut. Und Punkt.

Ein Sturm braut sich zusammen

Doch der Anstrich der Normalität ist dünn. Russland befindet sich im Frühling 2022 in einer historischen Situation: Noch nie wurde ein so großes Land innerhalb so kurzer Zeit so massiv mit Sanktionen belegt. Mehr als 5500 einzelne Beschränkungen verhängen die USA, Europa, Australien, Japan und andere allein in den ersten zwei Wochen des Krieges. Ein Sanktionspaket folgt auf das nächste. Russland unterliegt damit rein rechnerisch mehr Sanktionen als etwa der Iran oder Nordkorea – auch wenn die Anzahl der Maßnahmen wenig über deren Härte aussagt. Finanzsektor, Hochtechnologiebranche und die Luftfahrt gehören zu den ersten großen Bereichen, die von Beschränkungen betroffen sind. Es sind gleichzeitig Bereiche, in denen die Wirkung der Sanktionen beinahe sofort sichtbar wird: Etliche russische Banken werden aus dem internationalen Bankenkommunikationssystem SWIFT ausgeschlossen. Sie sind damit vom globalen Finanzverkehr abgeschnitten. Das trifft sehr viele Menschen und Firmen empfindlich, die häufig Geld ins oder aus dem Ausland überweisen. Das ist noch nicht alles – auch meine private österreichische Bankomatkarte wird auf einmal nutzlos. Ich kann weder Geld abheben noch mit der Karte bezahlen. Mastercard und Visa haben nämlich eigene Beschränkungen eingeführt: Bankomat- und Kreditkarten ausländischer Banken funktionieren nicht mehr *innerhalb* Russlands, und umgekehrt funktionieren russische Karten nicht mehr *außerhalb* Russlands. Hunderttausende regimekritisch eingestellte Russinnen und Russen, die in den ersten Wochen des Krieges ins Ausland auswandern, können daher im Exil nicht auf ihr Erspartes zugreifen. In vielen Fällen werden so ausgerechnet die Menschen bestraft, die vor Putins Regime fliehen.

Im Alltag noch nicht spürbar, aber wesentlich treffsicherer und schlagkräftiger ist eine andere Maßnahme, die die USA, Kanada, Australien, das Vereinigte Königreich, die EU-Staaten und die Schweiz gemeinsam verhängen: das Einfrieren der staatlichen russischen Geldreserven. Seit 2008 hat der russische Staat einen Teil der Einnahmen aus Öl- und Gasexporten in den sogenannten Nationalen Wohlstandsfonds eingezahlt. Das ist eine Art Schlechtwetterfonds, der ursprünglich zur Stützung des Pensionssystems gedacht war, aber auch dazu dient, den Wechselkurs des Rubels stabil zu halten. Laut russischem Finanzministerium umfassen diese Fremdwährungsreserven im Februar 2022 umgerechnet 579 Milliarden Euro. Auf schätzungsweise die Hälfte dieses in der ganzen Welt verstreuten Geldes hat die russische Zentralbank plötzlich keinen Zugriff mehr. Somit kann Russland diesen Finanzpuffer auch nicht verwenden, um die Auswirkungen weiterer Sanktionen abzufedern und seine Banken mit Geld zu versorgen. Ein Sturm scheint sich zusammenzubrauen.

In Moskau macht sich in den ersten Kriegstagen Verunsicherung breit. Der Rubelkurs ist wegen der Finanzsanktionen auf ein historisches Tief abgestürzt. Die Landeswährung ist gerade einmal halb so viel wert wie vor dem Krieg. Die Sorge der Menschen vor einer Finanzkrise wie in den 1990er-Jahren, als sich ihre Bankeinlagen über Nacht in Luft auflösten, ist groß. Viele versuchen, ihr Erspartes in US-Dollar oder Euro aus dem Bankomaten zu holen. Es tauchen eigene Telegram-Chatgruppen auf, die anzeigen, welche Bankomaten noch Fremdwährung ausgeben. Vor frisch befüllten Geräten bilden sich zum Teil Warteschlangen. Wie zu Pandemiezeiten decken sich viele außerdem mit einem Lebensmittelvorrat ein: Buchweizen, das wohl beliebteste Getreide der Nation, weil günstig und sättigend, ist nahezu überall ausverkauft. Zucker ist in vielen Geschäften ebenfalls nicht zu finden – was oft auch daran liegt, dass die Supermarktangestellten nicht damit nachkommen, frische Ware in die Regale zu schlichten. Die Preise der am stärksten nachgefragten Lebensmittel schießen in die Höhe. Von einem Versorgungsengpass ist zu diesem Zeitpunkt zwar nicht auszugehen, Lieferschwierigkeiten bei Produkten aus dem Ausland sind allerdings nicht auszuschließen.

Hinter den Mauern der russischen Zentralbank, einem säulenbesetzten Neorenaissance-Bau im Herzen Moskaus, dürften die Probleme in den ersten Kriegstagen wesentlich ernstzunehmender sein. Für die Beamten dieser Behörde geht es nun um möglichst schnelle und effektive Schadensbegrenzung, um das Finanzsystem vor gröberen Folgen oder gar einem Kollaps zu bewahren. Für Wladimir Putin trifft es sich gut, dass an der Spitze dieser Institution eine Frau steht, die im Krisenmanagement höchst erfahren ist: Elwira Nabiullina. Die 59-Jährige ist eine Ausnahmeerscheinung in der männerdominierten Polit- und Wirtschaftselite Russlands. Nabiullina stammt aus einer Arbeiterfamilie, noch zu Sowjetzeiten studierte sie in Moskau und arbeitete später unter Putin in verschiedenen Regierungspositionen, bevor sie 2013 zur Zentralbankchefin gekürt wurde. Mit ihrer entschlossenen Geldpolitik machte sich Nabiullina schnell einen Namen. Nachdem Putin 2014 die ukrainische Halbinsel Krim annektierte, setzte Nabiullina effektive Maßnahmen, um die Folgen der vom Westen verhängten Sanktionen abzufedern. Es sollte nur die Aufwärmrunde sein für den Marathon, vor dem die respektierte Zentralbankgouverneurin nun steht: Wieder muss sie den von Putin verursachten Scherbenhaufen beseitigen, nur dass diesmal das Ausmaß der Krise kaum abschätzbar ist. Am vierten Tag des Krieges, dem 28. Februar, tritt Elwira Nabiullina zu einer Pressekonferenz vor die Kameras. Gekleidet ist sie ganz in Schwarz. Auch die sonst übliche Perlenbrosche fehlt. Nabiullina spricht langsam und mit ernster Miene. Es handle sich um eine »total abnorme Situation«, sagt sie einleitend, um dann eine Reihe von Maßnahmen anzukündigen: massive Zinserhöhungen und strenge Beschränkungen auf die Ausfuhr von Devisen. Um dem Ansturm auf die Bankomaten ein Ende zu setzen, wird den Russinnen und Russen bis auf Weiteres verboten, Geld in Fremdwährung vom eigenen Konto abzuheben. Noch wesentlicher ist aber eine andere Maßnahme, sie betrifft Russlands Banken. Weil Zahlungen für Kohle und Gas von den Sanktionen vorerst ausgenommen sind, fließen täglich viele Millionen Euro und Dollar an russische Banken – und diese werden nun vom Staat dazu gezwungen, achtzig Prozent davon gegen Rubel zu tauschen. Das stützt den Kurs der Landeswährung und dämpft die Folgen der Sanktionen ab. In kürzester Zeit klettert der Wert des Rubels wieder auf Vorkriegsniveau und sogar darüber hinaus.

Für Elwira Nabiullina ist es ein Etappensieg: Sie und ihr

Team schaffen es, das russische Bankensystem vor dem Kollaps zu bewahren. Trotzdem dürfte der Erfolg für die Zentralbankchefin einen bitteren Beigeschmack haben. Laut Berichten von *Wall Street Journal* und *Bloomberg* wollte die Bankerin zu Kriegsbeginn eigentlich das Handtuch werfen. Ihr Rücktrittsgesuch soll Putin aber abgelehnt haben. Die Berichte werden offiziell nicht bestätigt. Sie entsprächen nicht der Realität, heißt es aus dem Kreml. Ob aus freien Stücken oder nicht, Elwira Nabiullina bleibt vorerst Putins wichtigste Krisenmanagerin.

Ein neuer Eiserner Vorhang

Krisenmanagement ist eine Disziplin, in der auch wir uns in diesen Tagen üben müssen. Wenn auch in einem ganz anderen Bereich. Wegen der Finanzsanktionen muss ein neues Bankkonto fürs Büro her – ein Prozess, der in Russland mit endloser Bürokratie verbunden ist und Monate in Anspruch nimmt. Schneller geht das private Wechseln von Bargeld für den Eigenbedarf. Der künstlich gestützte Rubelkurs der Zentralbank erweist sich als finanziell unvorteilhaft – zu Spitzenzeiten entspricht ein Euro einem Gegenwert von 53 Rubel, während es Wochen zuvor noch 150 Rubel waren. Wer sein Gehalt in Euro bezieht, ist aufgrund der zusätzlich steigenden Preise mit einer Verdoppelung bis Verdreifachung der Lebenshaltungskosten konfrontiert. Da westliche Bankkarten nicht mehr funktionieren, kontaktlose Bezahlservices wie Apple Pay blockiert sind und bei den meisten gängigen Banken keine Überweisungen aus dem Ausland mehr möglich sind, gibt es nur eine Methode, den Alltag in finanzieller Liquidität zu bestreiten: indem man ausreist, Bargeld abhebt und es physisch mitbringt. Die russischen Zollbeamten wittern schnell ein neues Betätigungsfeld. Die Frage, ob man Bargeld mit sich führt und wie viel, wird zur Routine bei jedem Grenzübertritt. Privatpersonen dürfen umgerechnet bis zu zehntausend US-Dollar in beliebiger Währung mitführen – eine Summe, die man in der Regel ohnehin nicht einmal annähernd erreicht.

Mit dem Reisen ist das übrigens so eine Sache. Auch hier werden die Sanktionen schnell spürbar. Die EU-Staaten sperren sofort nach Kriegsbeginn ihren Luftraum für russische Flugzeuge, Russland reagiert prompt und blockiert Flugreisen aus der EU. Direktflüge sind also gestrichen. Während die Strecke Moskau–Wien vorher per Flieger in unter drei Stunden zu bewältigen war, dehnt sich diese Reise nun auf einen halben bis ganzen Tag aus. Egal, ob man in Istanbul, Belgrad, Kairo oder Dubai umsteigt – Moskau ist jetzt Langstrecke und dementsprechend teuer. Vor allem die Türkei erweist sich im Sanktionskonflikt zwischen Russland und dem Westen als lachender Dritter: Der NATO-Staat verhängt keinerlei Sanktionen und begrüßt weiterhin russische Touristen und Touristinnen in seinen Strandresorts.

Auch auf dem Landweg ist die Ausreise aus Russland eher beschwerlich. Der Weg ins benachbarte EU-Ausland führt entweder nach Estland (vier Stunden Zugfahrt nach Sankt Petersburg, zweieinhalb Stunden Auto oder Bus bis zur Grenze, weitere zweieinhalb Stunden bis Tallinn) oder Finnland (ebenfalls vier Stunden nach Sankt Petersburg, fünf weitere nach Helsinki). Problematisch an dieser Reiseoption ist weniger das häufige Umsteigen als die russische Grenzkontrolle, die Stunden dauern kann. Verhöre durch die Grenzschützer scheinen auf dem Landweg zudem noch häufiger vorzukommen als an den Moskauer Flughäfen. Eine Kollegin berichtete uns von einer langwierigen Befragung bei der Ausreise inklusive der Aufforderung, den kompletten Inhalt des Koffers herzuzeigen. Ein anderer Bekannter musste bei der Einreise aus Finnland den russischen Grenzschützern gar mehrere Bücher aushändigen, weil sie das Wort »Krieg« im Titel hatten beziehungsweise die ukrainische Landesflagge auf dem Umschlag zu sehen war. Kurzum: Was die Reise über den Landweg an Geld spart, kostet sie an Zeit und Nerven.

Diese Unannehmlichkeiten sind nur Vorboten einer Art Eisernen Vorhangs, der sich in den folgenden Monaten zwischen Europa und Russland herabsenken wird. Zu einer echten Grenzschließung kommt es vorerst nicht, aber die Hürden für Auslandsreisen in den Westen werden höher. Grund dafür sind die horrenden Ticketpreise, Visabeschränkungen und ein von etlichen EU-Staaten verhängtes Einreiseverbot für russische Touristinnen und Touristen.

Vorbei sind die Jahre, als Russlands urbane Mittelschicht unbeschwert im westlichen Ausland urlauben konnte. Dabei waren Reisen in den Westen und der Konsum westlicher Produkte für diese Bevölkerungsgruppe einst ein »integraler Bestandteil des Systems Putin«, wie der Osteuropa-Experte Janis Kluge analysiert.[2] Was passiert jetzt, wo diesen Menschen ihr gewohnter Lebensstil genommen wird? Bringen die Sanktionen tatsächlich die Massen gegen Putin auf die Straße, oder können sie gar den politischen Druck so stark erhöhen, dass Putin den Krieg von selbst beendet?

Nein. Das wäre die kurze Antwort. Zumindest im ersten Jahr des Krieges sorgen die Sanktionen per se nicht für nennenswerten politischen Protest in der russischen Bevölkerung. Dafür gibt es zwei Gründe: Erstens leben die Russinnen und Russen zu diesem Zeitpunkt schon seit acht Jahren unter Sanktionen (wenngleich die nach der Krim-Annexion verhängten Strafmaßnahmen nicht einmal ansatzweise dieselbe Tragweite hatten). Es hat sich ein Gewöhnungseffekt eingestellt, unterstützt von den kremlgesteuerten Staatsmedien, die die Folgen der Sanktionen in der Regel herunterspielen und die Strafmaßnahmen als Ausdruck einer angeblichen Russlandfeindlichkeit des Westens darstellen. Wo die Negativeffekte der Sanktionen sichtbar werden, werden sie tendenziell nicht den Machthabern angelastet, sondern dem Westen. Die russische Führung ihrerseits tut alles dafür, um die Bevölkerung im Alltag von den Sanktionsfolgen abzuschirmen. In Ministerien existieren eigene Abteilungen, die nur auf Sanktionsumgehung spezialisiert sind, die Zentralbank begrenzt mit Rettungsmaßnahmen den Schaden, und beliebte, symbolträchtige Marken werden am Abgang gehindert oder wie im Fall von McDonald's rasch durch einheimische Varianten ersetzt.

Dazu kommt zweitens, dass die russische Bevölkerung krisengeprüft ist. Die in Russland bis heute so bezeichneten »wilden Neunzigerjahre« waren geprägt von Chaos. Leere Supermarktregale. Hyperinflation. Staatsbankrott. Dieses kollektive Trauma sitzt einer ganzen Generation bis heute in den Knochen. Niemand will in diese Zeit zurückkehren. »Aber wenn es sein muss, dann grabe ich den Rasen um und pflanze Kartoffeln«, sagt mir einmal eine Datschenbesitzerin in der zentralrussischen Wolgaregion, »ich habe überhaupt keine Angst vor einer Krise.« Die Datscha, das Sommerhaus, das fast jede Familie besitzt, war schon zu Sowjetzeiten eine Art Lebensversicherung. In Zeiten der Mangelwirtschaft konnten sich die Menschen dank dem Gemüse- und Obstgarten auf der Datscha selbst versorgen. Strategische Vorräte an Kartoffeln, eingelegten Tomaten oder Gurken anzulegen ist in ländlichen Regionen vielerorts bis heute völlig normal – allein wegen des langen, strengen Winters.

Die Autobranche gehört zu den großen Verlierern

Die Sanktionen treiben die Russinnen und Russen also bisher nicht gegen den Kreml auf die Barrikaden. Sie seien ohnehin nicht gegen die russische Gesellschaft gerichtet, heißt es auf der Website des EU-Rats: »Aus diesem Grund sind Bereiche wie Lebensmittel, Landwirtschaft, Gesundheit und Arzneimittel von den verhängten restriktiven Maßnahmen ausgenommen.« Doch es gibt einen Gebrauchsgegenstand, der den Russinnen und Russen durchaus lieb, manchen sogar heilig ist – und auf den sich die Sanktionen stark auswirken: das Auto.

Um dieses Thema besser zu verstehen, fahren wir in den ersten Kriegswochen in die Stadt Kaluga, 190 Kilometer südwestlich von Moskau. Kaluga ist Sitz des größten Werkes der sogenannten Volkswagen Group Rus. Ab 2007 liefen in der Fabrik des deutschen Autobauers jährlich bis zu 225 000 Autos vom Band. Bis zum Krieg. Seit den ersten Tagen der Invasion steht das VW-Werk still. Die 4200-köpfige Belegschaft wird auf bezahlten Urlaub geschickt. BMW, Renault und Mercedes, die ebenfalls eigene Werke in Russland betreiben, gehen ähnlich vor. Doch selbst wenn es wollte, könnte das VW-Werk in Kaluga keine Autos bauen. Denn die Lieferketten nach Russland brechen nach Kriegsbeginn großteils zusammen – eine indirekte Folge der zahlreichen Einfuhrbeschränkungen auf Hochtechnologieprodukte aus dem Ausland. Deshalb fehlen wichtige Bauteile. Ein Interview will man uns bei VW nicht geben, eine Drehgenehmigung auch nicht. Wir können das Werk daher nur mit etwas Abstand von außen filmen. Die Fertigungshallen im Industriegebiet von Kaluga erstrecken sich über mehrere Kilometer. Kaum eine Menschenseele ist auf dem Gelände zu sehen. Vor dem Werkseingang kommen wir dann doch mit einem Mitarbeiter ins Gespräch. Wie denn die Stimmung in der Belegschaft seit dem Produktionsstopp sei, fragen wir ihn. »Im Prinzip ist das alles nicht schlimm. Es wird ein guter sozialer Schutz geboten. Alle Mitarbeiter bekommen weiterhin zwei Drittel des Gehalts. Und die, die am Fließband gearbeitet haben, bekommen sogar hundert Prozent. Das heißt, finanziell ist das für die meisten nicht spürbar.«

In der beschaulichen Altstadt von Kaluga treffen wir Alexander Abrossimow. Der Mittvierziger ist Chef der VW-Gewerkschaft. Wir zeichnen das Gespräch in einem Park auf, der von Gebäuden umgeben ist, auf denen Kriegssymbole prangen: Der Buchstabe Z steht fassadenfüllend auf einem fünfstöckigen Gebäude im Stadtzentrum. »Wir sind die vielen Sanktionen gewohnt. Die Leute lachen darüber nur noch«, sagt Gewerkschafter Abrossimow. Es sei natürlich schade, dass viele ausländische Unternehmen das Land verlassen, doch diese Lücke würden andere füllen. Das sei eine Chance für russische Klein- und Mittelunternehmen, sich zu entwickeln. Sanktionen als Chance? Diese Sichtweise verbreiten auch die Staatsmedien. Dass sein Arbeitgeber wenige Monate später in der Absicht, den russischen Markt vollständig zu verlassen,

69

die Fabrik zum Verkauf anbieten wird, weiß Abrossimow zu diesem Zeitpunkt noch nicht. Er hofft, wie alle seine Kollegen, dass die Fließbänder bald wieder anspringen: »Ich wünsche mir eine Stabilisierung in der Welt. Damit wir die Arbeit wieder aufnehmen können, und nicht nur wir«, sagt Abrossimow. Es klingt fast wie ein leiser Aufruf zum Frieden. Dabei ist Abrossimow ein strammer Befürworter von Wladimir Putins »Spezialoperation«. Vor der Kamera will er uns das so direkt nicht sagen, wohl im Wissen um die kriegsablehnende Haltung seines deutschen Arbeitgebers, doch später sehe ich ein Posting auf seinem Profil auf Vkontakte, dem russischen Facebook-Pendant: »Die Sanktionen werden vom Westen nur eingeführt, um die Bevölkerung Russlands negativ gegen die Regierung und den Präsidenten einzustellen. Ich persönlich sage Folgendes: Ich unterstütze unseren Präsidenten Putin voll und ganz und wünsche den Streitkräften der Russischen Föderation, ihre Aufgaben so schnell wie möglich zu erfüllen! Ja, vor uns stehen neue Herausforderungen und Schwierigkeiten, aber ich bin mir sicher, gemeinsam werden wir sie überwinden. Wir werden siegen!«

Es dürfte vorerst kein Sieg werden für Abrossimow und die 4200 Beschäftigten des VW-Werks in Kaluga. Im Mai 2023 verkauft der Volkswagen-Konzern die hochmoderne Fabrik an einen Moskauer Investor und kehrt damit Russland endgültig den Rücken. Die Region Kaluga, die eine Reihe ausländischer Technologieunternehmen beheimatete, gehört zu den großen Verlierern der Sanktionen.

Die Katastrophe bleibt vorerst aus

Unterdessen verdunkeln sich die Prognosen unabhängiger russischer Wirtschaftsexperten. »Im Sommer steht der große Einbruch bevor«, sagt mir im Frühling 2022 die renommierte Moskauer Ökonomin Natalja Subarewitsch. Der Sommer kommt, der Sommer geht, nichts Wahrnehmbares passiert. Im Herbst stehe der Kollaps bevor, sagt mir später ein anderer Experte. Danach: Winter. Doch die wirtschaftliche Katastrophe bleibt aus. Sind die Sanktionen, die der Westen, auch Österreich, verhängt hat, überhaupt wirksam? Diese Frage ist nicht ganz einfach zu beantworten. Denn viele Zahlen, die detaillierte Rückschlüsse auf Sanktionseffekte zulassen könnten, werden von den Behörden seit Kriegsbeginn verschwiegen. Und die Zahlen, die veröffentlicht werden, sind nicht unabhängig überprüfbar. Der Kreml macht Verluste an der Wirtschaftsfront zum Staatsgeheimnis. Verschweigen, vertuschen, verdrängen – so funktioniert die Strategie der russischen Führung. Das erschwert auch uns Journalistinnen und Journalisten die Arbeit erheblich. Wie mache ich etwas sichtbar, das ich nicht belegen kann? Im Bereich der Öl- und Gasindustrie beispielsweise, für Russland von kritischer Bedeutung, sind Interviews, geschweige denn Drehgenehmigungen, kaum zu bekommen. Von Wirtschaftstreibenden – egal welcher Branche – sind in der Regel ohnehin nur Durchhalteparolen zu hören. Österreichische Firmen, die in Russland tätig sind, sagen Interviews ebenso standardmäßig ab. Und Expertinnen oder Experten, die sich trauen, Klartext zu sprechen, sind in Russland dünn gesät. Die meisten von ihnen sitzen bereits im Ausland. Wie etwa Artjom Kotschnew vom Wiener Institut für Internationale Wirtschaftsvergleiche. »Die russische Wirtschaft ist nicht kollabiert. Aber es ist eine Wirtschaft ohne Zukunft«, sagt er uns in einem Interview. Russland habe seine politischen und ökonomischen Beziehungen zu den Ländern verspielt, die weltweit technologieführend sind. Hightech-Ausrüstung, die etwa im Bereich der Öl- und Gasförderung zum Einsatz kommt, sei nun nicht mehr zu bekommen. Und es fehle schneller Ersatz: »Es wird in Russland gerne darüber gesprochen, dass China der neue Schlüsselpartner wird. Das Problem ist, dass auch China in den meisten Bereichen nicht die führende Technologienation ist.«

Das scheint den Kreml nicht weiter zu stören. Der Handel mit China floriert, der Import chinesischer Waren klettert im Jahr 2022 auf Rekordniveau. Moskau wird zunehmend wirtschaftlich abhängig von Peking. Sichtbarer Beleg dafür sind die unzähligen chinesischen Autos, die auf russischen Straßen auftauchen. Einst als rückständig belächelt, erobert die chinesische Fahrzeugindustrie nun den russischen Markt. Anders als für westliche »inomarki«, wie Fahrzeuge ausländischer Marken im Volksmund genannt werden, erhält man für chinesische Pkw weiterhin problemlos Ersatzteile. Dazu kommt ein attraktives Preis-Leistungs-Verhältnis und die vergleichsweise hohe Fertigungsqualität.

Die Zusammenarbeit mit der chinesischen Fahrzeugindustrie treibt zuweilen seltsame Blüten. So wird im ehemaligen Renault-Werk in Moskau, das nach dem Rückzug der französischen Eigentümer formal von der Stadtverwaltung und einem russischen Lastwagenhersteller übernommen wurde, ein seit Sowjetzeiten bekanntes Auto neu aufgelegt – der Moskwitsch, zu Deutsch Moskauer. Im Gegensatz zu früher stammt das Auto allerdings nicht aus »vaterländischer« Fertigung. Um die Fahrzeugproduktion in den verwaisten Renault-, nunmehr

Moskwitsch-Hallen möglichst schnell wieder aufnehmen zu können, erlaubt sich das russische Management einen Kunstgriff. Der neue Moskwitsch ist nämlich kein Moskauer, sondern ein Pekinger. Der vollständig in China entwickelte und gefertigte Mittelklasse-SUV wird für den Transport in grobe Einzelteile zerlegt und in Moskau wieder zusammengeschraubt, versehen mit der Aufschrift »made in Russia«. Der Moskauer Bürgermeister Sobjanin stellt sich bei der Modellpräsentation vor die Presse und lobt das chinesische Fahrzeug als »Wiedergeburt der russischen Autoindustrie«. In sozialen Medien erntet dieser offensichtliche PR-Gag Spott und Häme. Zumindest was Kritik an der eigenen Autoindustrie betrifft, nehmen die Russinnen und Russen nach wie vor kein Blatt vor den Mund. So absurd diese Episode über den Moskwitsch, der keiner ist, anmuten mag, so exemplarisch steht sie für den Zustand der russischen Technologieindustrie insgesamt: Imitation statt Innovation, Rückschritt statt Fortschritt.

Dieser Rückschritt lässt sich, allen Verschleierungsversuchen zum Trotz, auch in Zahlen messen. Schon im ersten Kriegsjahr schlittert die russische Wirtschaft in eine Rezession. Zwar nur um 2,1 Prozent, wie die Statistikbehörde Rosstat behauptet. Die Weltbank berechnet einen stärkeren Einbruch von 3,5 Prozent. Das ist beides deutlich weniger, als zu Kriegsbeginn im Westen erwartet worden war. Doch muss man diesen Wirtschaftseinbruch den Wachstumsprognosen der Weltbank gegenüberstellen, die für Russland vor dem Krieg bei 2,4 Prozent lagen. Dass die russische Wirtschaftsleistung stattdessen eingebrochen ist, ist laut Weltbank eine eindeutige Folge der Strafmaßnahmen. Der Ökonom Dmitri Nekrasow merkt in einem Interview mit *Radio Free Europe* vom Februar 2023 zu diesem Thema an, dass auch das Bruttoinlandsprodukt in Kriegszeiten nur noch eine begrenzt aussagekräftige Kennzahl ist. Denn das BIP werde zumindest auf dem Papier durch die immens angestiegene Rüstungsproduktion gestützt. »In Kriegszeiten ist jeder Panzer, der produziert wird und dann im Kriegseinsatz verbrennt, trotzdem ein Plus für das Bruttoinlandsprodukt.« Der Krieg kostet Russland, je nach Schätzung, zwischen 400 (laut der ukrainischen Ausgabe von *Forbes*) und 900 (laut *Newsweek*) Millionen US-Dollar pro Tag. Die in die Höhe geschossenen Militärausgaben verursachen eines der größten Defizite im russischen Staatsbudget in der jüngeren Geschichte des Landes. Das Finanzministerium in Moskau räumt ein, dass das Budgetloch allein im Jahr 2022 umgerechnet rund 42 Milliarden Euro beträgt, etwa zwei Prozent des BIP. Dieses Budgetloch lässt sich kurzfristig noch mit Geld aus den russischen Finanzreserven stopfen. Auf Dauer dürfte aber auch das keine Lösung sein, zumal diese Reserven bekanntlich zu einem großen Teil auf eingefrorenen Konten im Ausland liegen.

Der Krieg an der Energiefront

Russland ist und bleibt trotz alledem eines der rohstoffreichsten Länder der Erde. In den Böden Sibiriens schlummern die weltweit größten bekannten Erdgasreserven. Der Verkauf fossiler Energieträger ist die wichtigste Einnahmequelle des russischen Staates – und Europa der größte Kunde. Zu Kriegsbeginn beziehen die EU-Staaten insgesamt etwa die Hälfte ihres Gasbedarfs aus Russland, ein Jahr danach ist es immer noch ein Viertel – das ist auch der Grund, weshalb die Russlandsanktionen anfangs den Gassektor aussparen. Die historisch gewachsene und lange Zeit kaum hinterfragte Energieabhängigkeit rächt sich nun. Denn Putin führt seinen Krieg auch an der Energiefront und versucht, den Westen mit dem Zurückhalten von Gaslieferungen zu erpressen. Die zu diesem Zeitpunkt extrem hohen Energiepreise spielen ihm dabei in die Hände. Über Monate hinweg wird meiner Kollegin Miriam und mir in unzähligen Liveschaltungen die Frage gestellt, die ganz Europa beschäftigt: Dreht Putin jetzt das Gas ab?

Nach einigen Monaten herrscht in dieser Frage einigermaßen Klarheit: Im August 2022 stellt Gazprom mit Verweis auf »technische Probleme« die Gaslieferung nach Deutschland durch die Unterseeleitung Nord Stream 1 ein. Die Pipeline verläuft parallel zu ihrer Schwesterleitung Nord Stream 2 durch die Ostsee von Russland nach Deutschland. Die Lieferung werde erst wieder aufgenommen, wenn die Sanktionen gegen Russland aufgehoben werden, sagt Kreml-Sprecher Dmitri Peskow damals. Dieser offensichtliche Erpressungsversuch währt nur kurz. Denn knapp vier Wochen später kommt es zu einem mutmaßlichen Anschlag auf die Pipelines: Nord Stream 1 und 2 werden bei einer Unterwasserexplosion beschädigt und sind damit endgültig außer Betrieb. Die Lieferungen über die verbleibenden transkontinentalen Pipelines gehen ebenfalls drastisch zurück: Paradoxerweise bleibt die Transgas-Pipeline durch die Ukraine im ersten Kriegsjahr eine der verlässlicheren Gasrouten. Während das russische Regime ukrainische Städte dem Erdboden gleichmacht, zahlt es weiterhin Gastransitgebühren in Millionenhöhe in die Kyjiwer Staatskasse ein. Durch die Jamal-Pipeline (Sibirien–Belarus–Polen–Deutschland) fließt hingegen wegen eines Sanktionsstreits zwischen Russland und Polen bereits ab Mai 2022 kein Gas mehr nach Europa.

Der »Energiekrieg« beginnt sich zu Ungunsten des Kremls zu entwickeln: Auch der hochprofitable Ölsektor landet auf der Sanktionsliste. Die EU-Staaten verhängen nach langem Zögern Ende 2022 ein Einfuhrverbot für russisches Öl in die EU und einen Preisdeckel für Lieferungen in Drittstaaten. Die G7-Staaten und Australien schließen sich dem Vorhaben an. Fachleuten zufolge ist das eine Strafmaßnahme, die das Regime empfindlich trifft. Gleichzeitig wendet sich Europa schrittweise von russischem Gas ab. Die weggebrochenen Exporte nach Asien umzuleiten sei nur in geringem Umfang möglich, gibt der Energieanalyst Michail Krutichin zu bedenken. Russland verfüge nicht über genug Leitungskapazitäten Richtung Osten. Zusätzliche Pipelines zu bauen dauere Jahre und würde sich erst langfristig rechnen.[3] Unterm Strich verzeichnet die staatliche Gazprom allein im Jahr 2022 einen Rückgang der Gasexporte nach Europa um knapp die Hälfte. Medienberichten der BBC zufolge ist der Energiekonzern sogar gezwungen, den teuren Rohstoff im großen Stil zu verbrennen, um einen Rückstau zu verhindern. Das belegen Satellitenaufnahmen einer Kompressorstation in Nordrussland, auf denen eine gigantische Flamme zu sehen ist. Die normalerweise zum Druckausgleich verwendete Gasfackel auf der Anlage brennt mit einer solchen Intensität, dass sie selbst im benachbarten Finnland den Horizont erhellt, berichtet die BBC.

Anpassungsfähigkeit als Überlebensstrategie

Bewusste Gasverschwendung in industriellem Maßstab kann aber selbst im gasreichsten Land der Erde nicht im staatlichen Interesse sein. Die russische Regierung setzt daher neben Asien auf einen lange Zeit vernachlässigten Markt: den eigenen. Denn etliche Gegenden Russlands sind immer noch nicht, oder nur teilweise, ans Gasnetz angeschlossen. Die »gasifikazija«, also der Ausbau der innerrussischen Gasversorgung, soll daher forciert werden. Dass das in einem Flächenstaat wie Russland kein ganz triviales Unterfangen ist, ist auch der Grund, weshalb dieses Projekt in den vergangenen Jahrzehnten nur schleppend voranging.

Ein Beispiel dafür ist die Region Twer, drei Autostunden nordwestlich von Moskau. Das Gebiet ist flächenmäßig fast genau so groß wie Österreich, hat aber weniger Einwohner als Wien (1,2 Millionen). Durchquert wird es von einer der längsten Gasleitungen der Welt, der Jamal-Pipeline. Sie brachte einst Erdgas von der sibirischen Jamal-Halbinsel nach Europa, inzwischen versorgt sie wegen des Lieferstopps an Polen nur noch Russland und Belarus, in vielen Fällen an der einheimischen Bevölkerung vorbei. Mangels Gasanschlusses heizt in der Region Twer immer noch jeder dritte Haushalt mit Holz, selbst in Orten direkt an der Pipeline.

An einem Wintertag besuchen wir das Pensionistenpaar Sergei und Natalja. Sie leben in einem kleinen Dorf nördlich von Twer. Kurz vor dem Ortseingang quert die vereiste Straße einen waldlosen Streifen mit gelben Warnschildern. Hier verläuft unterirdisch der Gasleitungsstrang. »Für mich war das am Anfang wild, mit Holz zu heizen«, brummt Pensionist Sergei unter seinem weißen Vollbart hervor. »Ich bin in einer Stadt aufgewachsen, dort hatten wir Gas. Aber man gewöhnt sich an alles. Jeden Herbst hacken wir Brennholz für den Winter.« Sergei sitzt im T-Shirt am Küchentisch, ihm stehen Schweißperlen auf der Stirn. An seinem Ofen sei die Hitze kaum zu regulieren – entweder sei es zu warm oder zu kalt, klagt er: »Wir haben lange von einem Gasanschluss geträumt. Es wäre technisch gesehen nicht schwierig, die Pipeline ist ja nah. Aber niemand wird eine Leitung in unser Dorf legen. Dieser Ort hat keine Perspektive.« Sergeis Dorf ist ein Ort wie viele andere in der russischen Provinz. Vernachlässigt, trostlos, von Gott vergessen. Nur sechs Häuser sind noch bewohnt, die anderen siebzehn stehen leer, sind zum Teil eingestürzt. Es ist ein Teufelskreis, den Sergei beschreibt: Dörfer wie seines sterben aus, weil sie nicht einmal eine Minimalinfrastruktur bieten, die den Ort für junge Familien oder Betriebe attraktiv machen würde. Diese Infrastruktur, etwa eine Gasleitung, wird wiederum nicht gebaut, weil es ohnehin keinen Bevölkerungszuzug gibt. »Ich bin mit meinen 64 Jahren der Jüngste im Dorf«, sagt Sergei. Mit umgerechnet rund 150 Euro Pension pro Kopf kommen er und seine Frau gerade so über die Runden.

Früher, als es für ihn noch Arbeit gab, war es einfacher. Seinen Job als Fernfahrer hat Sergei zu Kriegsbeginn verloren. Denn wegen der Sanktionen kamen die Lastwagentransporte zwischen Russland und Europa zum Erliegen. Aufträge blieben aus. Er entschied sich, auch aus gesundheitlichen Gründen, für die Pension. Seitdem sitzen Sergei und seine Frau viel daheim. Fernsehen ist für sie der wichtigste Zeitvertreib. Während unseres Gesprächs läuft der Staatssender *Perwy Kanal* im Hintergrund, immer wieder flimmern Panzer über den Bildschirm, Schüsse sind zu hören. »Ich wünsche mir, dass endlich aufgehört wird zu kämpfen«, sagt Sergei. Dabei sind er und seine Frau alles andere als Kriegsgegner – sie halten Putins Vorgehen in der Ukraine für gerechtfertigt. Wenn es nach Sergei ginge, hätte Putin die gesamte Ostukraine am besten schon 2014 »heimholen« sollen. Trotzdem irritiert den Pensionisten, dass der Staat Unsummen für den Kampf gegen das Nachbarland ausgibt, während die Probleme im eigenen Land nicht weniger werden: »Jede Rakete, die unsere Armee abfeuert, kostet genauso viel, wie unser gesamtes Dorf ans Gasnetz anzuschließen.« Man kann für den Krieg sein und sich trotzdem Frieden wünschen. Man kann im erdgasreichsten Land der Welt leben und trotzdem mit Holz heizen müssen – das sind nur einige der vielen Widersprüche in Wladimir Putins Russland.

Die Lücke zwischen Propaganda und Realität klafft im kriegführenden Russland immer weiter auseinander. Vieles, was in den dreißig Jahren seit dem Niedergang des Kommunismus aufgebaut wurde, macht Putin innerhalb kürzester Zeit zunichte. Die Zusammenarbeit mit dem (meist westlichen) Ausland wird in fast jedem Bereich heruntergefahren oder ganz eingestellt: Handel, Bankenwesen, Technologie, Wissenschaft, Bildung, Sport, Kultur, Tourismus und vieles mehr. Putin hat die Brücken gesprengt, die Schuld dafür gibt er dem Westen. Und viele Russinnen und Russen glauben ihm.

Die Sanktionen haben aber auch gezeigt, wie anpassungsfähig das russische Regime, die Wirtschaft und die Bevölkerung sind. Gegenmaßnahmen, aktive Sanktionsumgehung und eine seit Generationen verinnerlichte Leidensfähigkeit machen es möglich, dass an der Oberfläche weiter so getan wird, als sei alles normal. Den Krieg können die Sanktionen kurzfristig nicht stoppen. Sie erhöhen aber drastisch den Preis, den Putins Regime und die Menschen in dem Land dafür bezahlen.

STAATSPROPAGANDA:
DIE MACHT DER LÜGE

Miriam Beller

Der 9. Mai ist der Tag, an dem in Russland an den Sieg der Sowjetunion über Nazideutschland im Jahr 1945 erinnert wird. Doch das Gedenken an Millionen Kriegstote ist längst in den Hintergrund gerückt. Seit Wladimir Putin im Jahr 2000 in Russland die Macht übernommen hat, geht es am 9. Mai vor allem um eines: Stärke zu zeigen, die Stärke Russlands genauso wie die Stärke des Präsidenten. Seine Rede bei der Militärparade am 9. Mai 2022 nutzt Putin dazu, einen Bogen vom Zweiten Weltkrieg zum Überfall auf die Ukraine zu spannen. »Heute kämpfen die Milizen im Donbass, gemeinsam mit den Soldaten der russischen Armee, auf ihrem eigenen Boden, [...] auf dem schon die Helden des Zweiten Weltkriegs [...] bis zum Ende gekämpft haben. Ich wende mich an unsere Streitkräfte, an die Donbass-Miliz. Ihr kämpft für das Vaterland, für seine Zukunft, damit niemand die Lektionen des Zweiten Weltkriegs vergisst.«

Die Sowjetunion als Befreier Europas von den Nationalsozialisten bleibt eine stolze Erinnerung in Russland, die nun von Wladimir Putin benutzt wird, um das Vorgehen gegen die Ukraine zu rechtfertigen: Der russische Einmarsch in das Nachbarland sei eine Fortführung des Kampfes gegen den Nationalsozialismus. »Eine Invasion unserer historischen Gebiete, einschließlich der Krim, war offen im Gange. Kiew erklärte, es könne sich Atomwaffen beschaffen. Die NATO begann eine aktive militärische Aufrüstung in den an uns angrenzenden Gebieten. [...] Alles deutet darauf hin, dass ein Zusammenstoß mit Neonazis [...], die von den Vereinigten Staaten und ihren Lakaien unterstützt werden, unvermeidlich war. [...] Die Bedrohung wuchs von Tag zu Tag. Russland hat einen Präventivschlag gegen diese Aggression durchgeführt. Es war eine erzwungene, rechtzeitige und die einzig richtige Entscheidung. Eine Entscheidung eines souveränen, starken und unabhängigen Landes.« Diese Rechtfertigungen werden von Putin, den Vertretern der russischen Führung und den russischen Staatsmedien seit Kriegsbeginn endlos wiederholt.

Auch ein Jahr später wird der 9. Mai für Propagandazwecke genutzt, doch 2023 sehen die Feierlichkeiten viel bescheidener aus. Es marschieren zwar wieder tausende Soldaten im Zentrum von Moskau auf, aber die Militärparade ist bereits nach weniger als einer Stunde beendet und fällt damit wesentlich kürzer aus als noch im Jahr zuvor. Die übliche Flugshow findet erneut nicht statt, und nur wenige Militärfahrzeuge rollen über den Roten Platz. Militärische Stärke zu zeigen scheint Russland nach fünfzehn Monaten Krieg schon bedeutend schwerer zu fallen. Gleichzeitig sind die Sicherheitsvorkehrungen in der Hauptstadt massiv, nur eine Woche vor der Militärparade mussten zwei Drohnen direkt über dem Kreml abgeschossen werden. In 24 Städten Russlands werden die traditionellen Paraden mit Hinweis auf die Sicherheitslage ganz abgesagt. Auch Wladimir Putins Rede ist ungewöhnlich kurz. Mit dem Gedenken an die Opfer des Zweiten Weltkriegs hält sich der russische Präsident nicht lange auf, stattdessen wettert er in bekannter Art und Weise gegen den Westen. »Die westlichen globalistischen Eliten [...] hetzen die Nationen gegeneinander auf und spalten die Gesellschaften, provozieren blutige Konflikte und Putsche, säen Hass, Russophobie, aggressiven Nationalismus, zerstören die Familie und die traditionellen Werte, die uns zu Menschen machen. All das tun sie, um den Völkern weiterhin ihren Willen, ihre Rechte und Regeln aufzuzwingen.«

Unerwähnt lässt Putin dabei wie immer, dass es Russland ist, das sich mit Gewalt Gebiete eines souveränen Staates einzuverleiben versucht. Ganz zu schweigen davon, wie viele Familien der russische Überfall bereits zerstört hat. Und noch etwas bleibt unverändert: Putin setzt den Kampf gegen Nazideutschland mit dem Vorgehen gegen die Ukraine gleich.

Der unabhängige russische Sozialwissenschaftler und Philosoph Grigori Judin erklärt mir in einem Interview schon im Mai 2022 die Logik hinter diesem offiziellen russischen Narrativ, dass die Ukraine »mit der militärischen Spezialoperation denazifiziert« werden soll. »In Russland ist es am einfachsten, imaginäre Nazis zum Feind zu erklären. Denn in Russland gibt es eine spezifische Erinnerung an den Nationalsozialismus. Dabei hat man in Russland, glaube ich, nicht reflektiert, wie Menschen in modernen Gesellschaften zu ›Nazis‹ werden können. Um diese innere Entwicklung einer Gesellschaft geht es im russischen Verständnis von Nationalsozialismus nicht. ›Nazi‹ ist der Name für einen äußeren Feind. Die Russen sind aufrichtig der Meinung, dass dies ein Problem der anderen ist, dass so etwas den Russen nie passieren könnte. Es ist in diesem Verständnis ein Feind, der dich von außen angreift.«

Der Sommer der Verdrängung

Zwei Tage vor dem russischen Einmarsch in die Ukraine veröffentlicht Grigori Judin einen Artikel[4], in dem er vor einem bevorstehenden Krieg warnt. Er ist damit nicht nur einer der wenigen russischen Expertinnen und Experten, die einen umfangreichen russischen Angriff erwarten, sondern er sagt auch voraus, dass die Menschen in Russland ganz im Sinne der politischen Führung den Westen für die militärische Eskalation verantwortlich machen werden. Außerdem, prophezeit Judin, wird die Mehrheitsbevölkerung die offiziellen Erklärungen des russischen Staates akzeptieren. Dafür gibt es laut Judin mehrere Gründe. Zum einen sei der Krieg eine Zeit, in der instinktiv eine nationale Einheit gesucht werde. An den offiziellen Argumenten und Erklärungen zu zweifeln und das eigene Land für den Krieg verantwortlich zu machen falle Menschen nicht nur schwer, sondern sei auch gefährlich. Selbst wer an der Darstellung der Staatsführung zweifelt, weiß nicht, was er oder sie dagegen tun könnte. Deshalb ist es, so Judin, viel einfacher, gleich gar keine Zweifel aufkommen zu lassen. Der Sozialwissenschaftler schreibt in seinem Artikel außerdem davon, wie sich die von Putin oft geäußerte, aber bis dahin nicht mehrheitsfähige Meinung, dass die Ukraine überhaupt kein Land sei, in der russischen Gesellschaft immer stärker verankern werde. Er behält mit all diesen Vorhersagen recht. Als Massenproteste und eine breite Widerstandsbewegung in Russland ausbleiben, zeigt sich Judin im Frühjahr 2022 wenig überrascht.

Grob unterteilt er die russische Bevölkerung im ersten Kriegsjahr in drei Gruppen. Rund ein Viertel lehnt seiner Meinung nach den Krieg ab, ungefähr ein weiteres Viertel unterstützt ihn aktiv, alle anderen verhalten sich bewusst passiv und versuchen, so wenig Berührungspunkte wie möglich mit der Politik zu haben. »Russland ist seit Langem ein autoritäres System. Autoritäre Systeme basieren auf sozialer Passivität, auf der Tatsache, dass Menschen entpolitisiert werden, dass sie sich nicht mehr an der Politik beteiligen, weil sie keinen Sinn mehr darin sehen. Sie kümmern sich um ihr eigenes, privates Leben«, erzählt er mir im Interview. Ähnliches beobachte auch ich im Moskauer Alltag. Besonders im Frühjahr und Sommer 2022 versuchen noch viele Menschen, das Blutvergießen in der Ukraine herunterzuspielen, zu ignorieren oder ganz zu leugnen. Gerade in den Sommermonaten wirkt es so, als hätten sich die Moskauerinnen und Moskauer an die sogenannte neue Realität – so wird die Zeit nach dem 24. Februar hier gerne genannt – gewöhnt. Während die Hauptstadt scheinbar in einen Zustand völliger Apathie verfallen ist und das Leben zumindest an der Oberfläche so ist wie immer, müssen wir im ORF-Büro immer öfter darüber berichten, wie Menschen, die sich gegen den russischen Angriffskrieg aussprechen, für lange Zeit ins Gefängnis gesperrt werden. Alexei Gorinow ist der Erste, der deswegen im Juli 2022 zu sieben Jahren Haft verurteilt wird. Gorinow ist ein bis dahin weitgehend unbekannter Lokalpolitiker in Moskau. Der schmächtige Mann mit den weißen Haaren hatte sich in einer Sitzung der Abgeordneten des Moskauer Bezirks Krasnoselski dagegen ausgesprochen, einen Malwettbewerb für Kinder und ein Tanzfestival im Bezirk zu veranstalten. Er hielt das für unpassend und wies darauf hin, dass in der Ukraine Kinder sterben. »Ich bin der Meinung, dass alle Bemühungen der [russischen] Zivilgesellschaft einzig und allein darauf abzielen sollten, den Krieg zu beenden und die russischen Truppen aus ukrainischem Gebiet abzuziehen«, sagte Gorinow während des Treffens der Bezirksvertretung im März, das auf Video aufgezeichnet wurde. Unbekannte zeigten ihn wegen »Diskreditierung der Armee« an. Gorinows Fall lässt mich nicht los, der 61-Jährige ist kein berühmter Oppositionspolitiker, er ist einfach ein engagierter Bürger, der zu seinen Überzeugungen steht. Seine Verurteilung zeigt, dass künftig niemand mehr vor der gnadenlosen Hand des russischen Staates sicher ist. Ich fahre nach der Urteilsverkündung in den Bezirk, in dem Gorinow als Abgeordneter tätig war. Ich spreche Menschen auf der Straße an und frage sie, was sie von dem Lokalpolitiker und seiner Verurteilung halten. Die meisten kennen weder den Namen ihres Bezirksvertreters, noch haben sie vom Urteil gegen ihn gehört. Schulterzucken ist die häufigste Reaktion, die ich bekomme, und die Feststellung, dass das, was in der Ukraine passiere, schon richtig sei. Ich hatte mir keine glühenden Plädoyers für Meinungsfreiheit erwartet, aber das Ausmaß an Gleichgültigkeit überrascht mich dann doch.

Auf dem Weg vom Autoritarismus zum Totalitarismus

Je länger der Krieg dauert, desto schwieriger wird es, die Geschehnisse zu verdrängen und sich an das alltägliche Leben zu klammern. Immer öfter genügt es nicht mehr, sich von der Politik fernzuhalten, stattdessen werden die Menschen aufgefordert, den Krieg zu unterstützen. Für Grigori Judin ist das ein Hinweis darauf, dass sich Russland von einem autoritären hin zu einem totalitären System entwickelt. »Der Übergang zum Totalitarismus zeigt sich unter anderem in der Forderung nach aktiver Unterstützung für die sogenannte Spezialoperation in der Ukraine. Das erfolgt zum Beispiel über Arbeitgeber, die von ihren Mitarbeitern verlangen, dass sie die Operation auf sozialen Netzwerken öffentlich unterstützen. Menschen werden ausgefragt, ob sie Verwandte in der Ukraine haben und damit verdächtig sein könnten. An Schulen und Universitäten gibt es Vorträge über die aktuelle Situation und die russische Geschichte – natürlich in jener Version, die von Wladimir Putin abgesegnet ist. Das ist etwas völlig Neues. Das gab es bisher nicht.« Müssen sie in irgendeiner Weise öffentlich Loyalität oder Unterstützung für den Krieg zeigen, dann werden viele Russinnen und Russen diesen Forderungen nachkommen, ist Judin überzeugt. Sie tun das ohne Begeisterung, aber wenn nötig, tun sie es. Das sieht man unter anderem auch bei öffentlichen Reden Putins oder Veranstaltungen zur Unterstützung des Krieges, zu denen in Bussen massenhaft Angestellte staatlicher Unternehmen gekarrt werden.

Teil der sogenannten neuen Realität in Russland ist auch eine neue Symbolik. Die lateinischen Buchstaben Z und V, mit denen russische Panzer und Militärfahrzeuge in der Ukraine gekennzeichnet sind, verbreiten sich im ganzen Land als Slogan für die Unterstützung der russischen Truppen in der Ukraine an Hauswänden, Autoscheiben oder in Form von Menschenformationen. Grigori Judin fühlt sich an das Deutschland der 1930er-Jahre erinnert. »Eines der aussagekräftigsten Bilder zeigt beispielsweise Kinder, die im Kindergarten in Form des Buchstabens Z knien. Wenn Menschen gezwungen werden, sich an solchen Installationen zu beteiligen, um den Buchstaben Z zu bilden, dann gibt es, glaube ich, keine Zweifel mehr: Jeder, der sich an die Geschichte Deutschlands erinnert, weiß, was das ist. Das ist eine faschistische Ästhetik.«

Einen Zusammenhang zwischen dem Vorgehen der russischen Führung und einem totalitären Regime sehen jedoch viele Menschen in Russland nicht. Selbst die von Judin angesprochene »faschistische Ästhetik« des Buchstabens Z wird von jenen, die den Krieg in der Ukraine unterstützen, oft nicht erkannt, oder sie wird ignoriert. Unter Kriegsgegnern wird das Z dagegen zynisch als halbes Hakenkreuz bezeichnet.

Die Strategien der Propaganda

Wieso hat sich in Russland kein breiter Widerstand gegen den Krieg in der Ukraine und gegen die russische Führung gebildet? Diese Frage höre ich immer wieder von Bekannten und Freunden in Österreich, und es ist eine Frage, die auch ich mir immer wieder stelle. Zumindest ein Teil der Antwort liegt in der russischen Staatspropaganda, die die russische Gesellschaft seit Jahren beeinflusst.

Eine vielfältige Medienlandschaft ist in Russland schon lange unerwünscht. Unabhängige, kremlkritische Medien wie die Zeitung *Nowaja Gaseta* oder der Fernsehsender *Doschd (TV Rain)* kämpften jahrelang gegen die übermächtigen russischen Behörden um ihre Existenz. Nach dem Überfall auf die Ukraine gehören sie zu den Ersten, die unter Druck geraten. Radiosender werden abgedreht, Redaktionen geschlossen, Lizenzen entzogen. Ende März 2022 stellt die *Nowaja Gaseta* ihre Tätigkeit in Russland aus Protest ein, nachdem sie von der Medienaufsichtsbehörde bereits zwei Verwarnungen wegen ihrer Kriegsberichterstattung erhalten hat. Wie viele andere Redaktionen flüchten die Journalistinnen und Journalisten der *Nowaja Gaseta* ins Ausland, um sich dort neu zu gruppieren. Kremlkritische Medien berichten seither beispielsweise aus Lettland, Georgien oder den Niederlanden und versuchen so, ihr Publikum innerhalb Russlands weiterhin zu informieren. Doch die russischen Medienbehörden sperren unliebsame Websites und versuchen den Zugang zu unabhängiger Information zu erschweren. Die im Exil arbeitenden Redaktionen weichen der Zensur immer wieder aus, vor allem durch die Veröffentlichung ihrer Arbeit auf dem Messenger-Dienst Telegram und der Videoplattform YouTube. Doch wer innerhalb Russlands kritische Recherchen und Interviews mit Kriegsgegnern lesen will, der muss gezielt danach suchen und eine VPN-Umgehungssoftware verwenden.

Fast alle in Russland verbliebenen Medien stimmen hingegen in den Chor der staatlichen Propaganda ein, seien es TV-Kanäle, Radiosender, Nachrichtenagenturen oder Zeitungen. Das Zentrum der meisten Wohnzimmer in Russland ist immer noch das Fernsehgerät, und was dort zu sehen ist, bestimmt größtenteils die politische Führung in Moskau. Der Sender mit den meisten Zuseherinnen und Zusehern, *Rossija 1*, gehört der staatseigenen Medienholding WGTRK, gefolgt vom Sender NTW, an dem der russische Staat und die staatsnahe Gazprombank Anteile haben. Am ebenfalls viel gesehenen *Perwy Kanal* besitzen die russische Regierung und die VTB Bank (die selbst mehrheitlich in Staatsbesitz ist) Anteile. Ein weiterer Kanal, *Telekanal Swesda*, gehört dem russischen Verteidigungsministerium. Über all diese Kanäle kommt die staatliche Propaganda direkt in die russischen Haushalte.

In den ersten Kriegsmonaten verschwinden Unterhaltungsprogramme zeitweise fast ganz vom Bildschirm. Stattdessen werden die Zuseherinnen und Zuseher mit politischen Sendungen geradezu überschwemmt. Von Montag bis Freitag, manchmal auch am Wochenende, gibt es gleich mehrere politische Talkshows pro Tag, dazwischen Nachrichtenprogramme. Auch wir Journalistinnen und Journalisten setzen uns in dieser Zeit noch mehr als zuvor damit auseinander, welche Botschaften das russische Fernsehen an das Publikum richtet. Es ist keine leichte Kost, die da tagein, tagaus über die TV-Bildschirme flimmert. Francis Scarr, Journalist bei der BBC, kennt die russische Staatspropaganda wie kaum ein anderer. Seit 2018 beobachtet er für *BBC Monitoring* die russische Medienlandschaft, hat hunderte Stunden an Talkshows und Nachrichtensendungen gesehen. Bis zum 24. Februar 2022 arbeitet er in Moskau, dann holt ihn die BBC aufgrund der Militärzensur zurück nach London. Mehr als hunderttausend Menschen folgen Scarr auf Twitter, wo er einen Einblick in die teils bizarre Welt des russischen Staatsfernsehens gibt. Ich erreiche ihn per Videoanruf im Mai 2023. Er erzählt, dass er weiterhin drei bis vier Tage in der Woche damit verbringt, russisches Staatsfernsehen zu schauen und zu dokumentieren. Er rechnet vor, dass auf dem Sender *Perwy Kanal* von elf Uhr vormittags bis in die Nacht hinein lediglich zweieinhalb Stunden mit Programm bespielt werden, das keinen politischen Inhalt hat. Die hasserfüllte Sprache gegen die Ukraine und gegen den Westen ist dabei nichts Neues, meint der britische Journalist. Doch die Rhetorik ist seit dem 24. Februar 2022 deutlich schärfer geworden. Besonders bekannt ist die abendliche Diskussionssendung von Wladimir Solowjow auf dem staatlichen Sender *Rossija 1*. Neben den regelmäßigen Nazi-Vergleichen werden in seiner Talkshow mit Stammgästen wie der Chefredakteurin von *Russia Today*, Margarita Simonjan, fast nebenbei Themen wie die Möglichkeit eines Atomkriegs besprochen. So meint Simonjan in einer Sendung im Mai 2022: »Entweder Russland gewinnt, oder es wird zu einem Atomkrieg kommen.« Francis Scarr schreckt längst nicht mehr auf, wenn europäischen Ländern in russischen Talkshows mit Atomwaffenangriffen gedroht wird. »Die Rhetorik ist so extrem geworden, dass sie oft einfach nur mehr bedeutungslos ist.«

Dabei gibt es, so Scarr, verschiedene Strategien der Propaganda. Völlig geleugnet oder heruntergespielt werden beispielsweise russische Kriegsverbrechen in der Ukraine. Besonders eklatant zeigt sich das in der Berichterstattung über das Massaker in Butscha. Der Vorort der ukrainischen Hauptstadt Kyjiw, mit einer Vorkriegs-Bevölkerung von 40 000 Menschen, wird zum Sinnbild für die Grausamkeit des russischen Angriffs. Russische Soldaten besetzen den Ort vom 5. März 2022 bis zu ihrem Rückzug am 30. März. Laut einem UN-Bericht[5] befinden sich zu diesem Zeitpunkt noch fünftausend Zivilistinnen und Zivilisten in Butscha. Als die ukrainische Armee und Journalisten nach dem Rückzug der russischen Truppen Anfang April 2022 den Ort betreten, finden sie dutzende Tote auf den Straßen. Viele wurden, mit den Händen auf dem Rücken gefesselt, erschossen. Andere Aufnahmen aus Butscha zeigen Tote, die neben ihrem Fahrrad auf der Straße liegen oder ihre Einkaufstaschen noch in der Hand halten. Die ukrainische Regierung spricht später von insgesamt 458 Opfern. Sie wirft den russischen Truppen vor, willkürlich Zivilisten und Zivilistinnen, die zufällig auf der Straße waren, erschossen zu haben.

Während die Gräueltaten weltweit für Entsetzen und Empörung sorgen, verfolgt die russische Führung nicht die Verantwortlichen der Kriegsverbrechen, sondern jene, die sie anprangern. Allen, die das Massaker öffentlich verurteilen oder auch nur darüber informieren, droht eine Gefängnisstrafe.

Ungeachtet der vielen schockierenden Aufnahmen, die in den ersten Aprilwochen aus Butscha an die Weltöffentlichkeit dringen, trotz der unzähligen Zeugenaussagen, Satellitenaufnahmen und unabhängigen Untersuchungen, die die Gewalttaten dokumentieren, bezeichnen die kremlnahen russischen Medien die Berichte als Falschmeldungen. Während einige die Gewalttaten ukrainischen Soldaten zuschreiben, bezeichnen andere die Bild- und Videoaufnahmen als »raffinierte Falschmeldungen«. Auch völlig unbelegte Verschwörungstheorien, etwa dass der Chef des britischen Geheimdienstes MI6 hinter »einer Inszenierung in Butscha« stecken könnte, tauchen in russischen Talkshows auf.

Nicht nur nach den Entdeckungen in Butscha, auch in vielen Fällen von russischen Bombardements oder Angriffen in der Ukraine werden mehrere, widersprüchliche Erklärungen veröffentlicht, besonders, wenn sie viele zivile Todesopfer fordern. In den ersten Kriegsmonaten wird die Verantwortung für Bombardierungen von Wohnhäusern und ziviler Infrastruktur oft mit dem Hinweis zurückgewiesen, man bombardiere keine zivilen Ziele. In dieser Zeit hört BBC-Journalist Francis Scarr die russischen TV-Moderatoren und Talkshowgäste regelmäßig von sogenannten Hochpräzisionswaffen sprechen: »Sie haben Phrasen benutzt wie ›Wir setzen Hochpräzisionswaffen ausschließlich gegen militärische Einrichtungen ein. Wir wollen keine Zivilisten angreifen.‹ Zu Beginn des Krieges haben sie das ständig wiederholt, es war wie ein Refrain«, erinnert er sich in unserem Gespräch im Mai 2023. »Aber ich denke, nach einer gewissen Zeit war so viel Schaden angerichtet, etwa in Mariupol und anderen Orten, die komplett zerstört wurden, dass sie seither nicht mehr so oft darauf zurückgreifen.«

Anders gehen die russischen Staatsmedien mit militärischen Rückschlägen und Vorfällen innerhalb Russlands um. Als sich russische Truppen aus den Städten Charkiw und später Cherson zurückziehen müssen, zitieren die russischen Medien vorerst nur die zuständigen Ministerien mit ihren Aussendungen. Genauso verfahren sie Anfang Mai 2023, als zwei Drohnen direkt über dem Präsidentenpalast im Kreml abgefangen werden. Erst Stunden später geht der Präsidentensprecher mit der Nachricht an die Öffentlichkeit. In den ersten Meldungen der russischen Agenturen und des Fernsehens wird nur diese Aussendung des Kremls wiederholt. Bis auf wenige Ausnahmen zeigen die großen Nachrichtensendungen keine Aufnahmen vom Abschuss der Drohnen. Stattdessen werden Archivbilder des Kremls und des Präsidentenpalastes verwendet. Francis Scarr meint, das spreche dafür, dass die Medien noch keine klaren Vorgaben von oben bekommen haben: »Man bekommt den Eindruck, dass die Propagandisten nicht wissen, was sie sagen sollen, also wiederholen sie einfach die offizielle Linie. Diese Phase dauert manchmal 24 bis 48 Stunden. Und dann müssen sie sich überlegen, wie sie das dem Publikum verkaufen und es nicht so aussehen lassen, als wäre etwas wirklich Unangenehmes vorgefallen.« Kritik an der Armee oder an einzelnen Strategien kommt zwar vor, der Präsident selbst wird dabei im ersten Kriegsjahr aber niemals für Misserfolge kritisiert oder verantwortlich gemacht. Stattdessen stellt Francis Scarr besonders seit dem Rückzug aus der ostukrainischen Stadt Charkiw und vermehrten Rückschlägen für die russische Armee fest, dass die Staatsmedien beginnen, die Ukraine als stark darzustellen und die Unterstützung durch Waffenlieferungen aus dem Westen zu betonen.

Besonders wenn es an der militärischen Front wenig oder

vor allem Rückschläge zu berichten gibt, widmet sich die russische Staatspropaganda gerne Rundumschlägen gegen die Ukraine oder auch gegen westliche Länder. Alle Ereignisse, die darauf hinweisen könnten, dass in Europa Uneinigkeit herrscht, etwa wenn es um die militärische Unterstützung der Ukraine geht, finden Eingang ins russische Staatsfernsehen. Auch internen Konflikten innerhalb von Ländern wie Deutschland, Frankreich oder Großbritannien wird viel Raum gegeben. Francis Scarr ist überzeugt, dass bei großen Kanälen wie *Rossija 1* oder *Perwy Kanal* ganze Teams daran arbeiten, westliche Medien nach Geschichten zu durchkämmen, die jene Botschaften untermauern, die sie dem Publikum vermitteln wollen. Die wiederkehrenden politischen Turbulenzen in der konservativen Regierung in Großbritannien werden genauso thematisiert wie oppositionelle Kritik an der Ampel-Regierung in Deutschland. Dabei vergessen die russischen Staatsmedien, so Francis Scarr, einen wichtigen Punkt: »In demokratischen Gesellschaften gibt es selbstverständlich auch Gegenstimmen. In gewisser Weise beweist das, warum der Westen anders ist als Russland. Aber das ist etwas, das sie natürlich nicht anerkennen. Sie sehen diese abweichenden Stimmen als Beweis dafür, dass der Westen nicht so geeint und stark ist, wie er scheint, und so präsentieren sie das auch dem Publikum.« Eine pluralistische Gesellschaft mit all ihren unterschiedlichen Meinungen und real existierenden Problemen wird als Beweis für einen schwachen Westen interpretiert.

Die steigende Inflation, die in vielen europäischen Ländern für immer mehr Menschen ein existenzielles Problem darstellt, ist in den russischen Staatsmedien ein besonders beliebtes Thema. Dass die Ereignisse dabei nicht immer im richtigen Kontext wiedergegeben werden, zeigt sich an einem eher absurden Beispiel. So veröffentlichte die britische Boulevardzeitung *Daily Mail* eine Reportage über Restaurants, die Eichhörnchen auf ihre Speisekarte nehmen wollen. Hintergrund dieser ausgefallenen Idee ist der Aufruf einer Tierschutzorganisation, die davor warnt, dass sich die invasive Nagetierspezies der nordamerikanischen Grauhörnchen auf den Britischen Inseln immer weiter verbreitet und dabei das heimische rote Eichhörnchen verdrängt. Ein Restaurant in London serviert deshalb bereits Grauhörnchenlasagne. Während diese Geschichte für den britischen Boulevard wortwörtlich ein gefundenes Fressen ist, passt sie für die Moderatorin der russischen Talkshow *60 Minuten*, Olga Skabejewa, besser in das Narrativ eines schwächer und ärmer werdenden Europas. Und so wird den Zuseherinnen und Zusehern in Russland erklärt, dass die Menschen in Großbritannien bereits so arm sind, dass sie Eichhörnchen essen müssen, während die britische Regierung weiter Waffen an die Ukraine liefert.

Von 1984 bis in die Gegenwart

Während die oft schrillen Talkshows im russischen Fernsehen gegen den Westen und die Ukraine wettern, versucht die Führung in Moskau der russischen Bevölkerung gleichzeitig eine gewisse Normalität zu vermitteln. Auch wenn in der Ukraine die sogenannte militärische Spezialoperation läuft, soll der Anschein erweckt werden, dass die Situation unter Kontrolle ist. »Alles läuft nach Plan«, hört man Verteidigungsminister Sergej Schoigu im ersten Kriegsjahr immer wieder sagen, obwohl seit Beginn des Überfalls auf die Ukraine für Russland ganz offensichtlich gar nichts nach Plan läuft.

In der Diskussion um die russische Propaganda, die herrschende Zensur und die Passivität der Bevölkerung hat in Russland der Roman »1984« von George Orwell neue Beliebtheit und Aktualität erlangt. Das 1949 erschienene Buch beschreibt eine dystopische Realität in einem totalitären Überwachungsstaat, der einen ebenso permanenten wie sinnlosen Krieg führt und mit dem andauernden Kriegszustand die Unterdrückung der Bevölkerung rechtfertigt. George Orwell hat nach eigenen Angaben Nazideutschland und die Diktatur von Josef Stalin als Vorbild für »1984« genommen. »Big Brother«, der die unterdrückte Bevölkerung mithilfe einer Gedankenpolizei in Schach hält, hat weltweit genauso Eingang in den allgemeinen Sprachgebrauch gefunden wie der sogenannte »Neusprech«. Dieses Konzept, auf Russisch »Nowojas« (von »nowy« – neu, und »jasyk« – Sprache), dient in Orwells Roman zur Veränderung der Sprache mit dem Ziel, die Gedanken der Menschen so zu beeinflussen, dass rebellische und widerständige Ideen buchstäblich undenkbar werden. Auch im kriegführenden Russland wird versucht, Einfluss auf die Sprache zu nehmen und neue Begriffe einzuführen. Das wohl bekannteste Beispiel dafür ist das Verbot, den Krieg als solchen zu benennen. Stattdessen wird er auf Anordnung der Präsidialadministration einheitlich als »Spezialoperation« bezeichnet. Doch die »spezoperazija« ist bei Weitem nicht die einzige neue Wortkreation der russischen Führung. Allgemein gilt: Negative Ereignisse müssen positiver dargestellt werden, als sie tatsächlich sind, eigene Gewalttaten sind zu verharmlosen. In den russischen Medien werden zerstörte und besetzte Gebiete als »befreit« präsentiert, und die Front wird verharmlosend als »Kontaktlinie« bezeichnet.

Eine Expertin für diesen russischen Neusprech ist die Sozialanthropologin Alexandra Archipowa. Wie viele andere meiner Interviewpartnerinnen und -partner kann ich sie im Mai 2023 nur per Videotelefonat erreichen, denn sie ist seit Kriegsbeginn im europäischen Exil. Schon seit Jahren beobachtet sie, dass in den russischen Medien mit Euphemismen und Verharmlosungen versucht wird, die Realität als weniger beängstigend darzustellen, seien das Naturkatastrophen wie Waldbrände und Überflutungen oder etwa Gasexplosionen. Doch in Kriegszeiten wird die sprachliche Verzerrung der Realität zur gesetzlichen Vorgabe, und wer sich nicht daran hält, muss mit Verfolgung durch die Behörden rechnen, erklärt Alexandra Archipowa. »Ein Journalist in Jakutien wurde zu einer Geldstrafe verurteilt, weil er geschrieben hatte, Frauen sollten nicht an die ›Front‹ geschickt werden. Der zuständige Richter sagte dem Journalisten, er wäre verpflichtet gewesen zu schreiben, dass Frauen nicht an die ›Kontaktlinie‹ geschickt werden sollten. Es gibt viele solche Beispiele. Es geht darum, ein Gefühl zu vermitteln, als gäbe es gar keinen Krieg.«

Kommt es in russischen Regionen an der Grenze zur Ukraine zu Explosionen, Bränden oder Entgleisungen von Güterzügen, werden daraus in russischen Medien »Zwischenfälle«, über deren Ursachen aufgrund der Militärzensur auch nicht weiter spekuliert wird. Eine Explosion wird in russischen Nachrichtensendungen schnell einmal zu einem »Knall« herabgestuft.

Ein wahres Kunststück an Realitätsverzerrung gelingt den russischen Medien am 20. April 2023, als ein russischer Kampfjetpilot in der Stadt Belgorod, nur wenige Kilometer von der ukrainischen Grenze entfernt, versehentlich Munition abschießt. Die Folge: eine Explosion, die einen riesigen Krater in eine Kreuzung im Zentrum der Stadt reißt. Mehrere Wohngebäude werden schwer beschädigt und drei Menschen verletzt. Die russische Nachrichtenagentur *RIA Nowosti* spricht in ersten Meldungen von einem »unplanmäßigen Abgang von Munition«, als hätte die Munition zufällig und ohne menschliches Zutun den Kampfjet in Richtung Boden verlassen. Der Gouverneur der betroffenen Grenzregion Belgorod, Wjatscheslaw Gladkow, erklärt außerdem, es sei ein »explosives Objekt« im Zentrum der Stadt gefunden und zerstört worden. Wer zwischen den Zeilen lesen kann, weiß, dass es sich bei diesem »explosiven Objekt« eigentlich um eine Bombe handelt, ein Wort, das wesentlich beängstigender klingt und dessen Verwendung der Gouverneur offenbar unbedingt vermeiden will. Wjatscheslaw Gladkow ist bekannt dafür, den Neusprech der russischen Führung ausgezeichnet zu beherrschen, und bei den vielen »Zwischenfällen« in der Grenzregion muss er ihn auch oft verwenden. Einwohner der Region haben Gladkow unter der Hand schon den Spitznamen Chlopkow verpasst, vom russischen Wort »Chlopok« für Knall.

Doch wozu diese verharmlosende Sprache verwenden, wenn doch eindeutig ist, was wirklich hinter einem »Knall« und einem »Zwischenfall« steckt? Alexandra Archipowa sieht den Grund dafür in den hervorgerufenen Konnotationen. Während die TV-Zuseherinnen und -Zuseher mit dem Wort Explosion Tod und Zerstörung verbinden, steht das Wort Knall lediglich für ein lautes Geräusch. Die Sozialanthropologin führt mich zum besseren Verständnis gedanklich in die Küche einer russischen Familie: »Nehmen wir an, eine fiktive Person, nennen wir sie Nina Petrowna, steht in der Küche und kocht. Wie üblich in einem russischen Haushalt, ist das Fernsehgerät eingeschaltet, und es laufen permanent Nachrichten. Es ist ein allgemeines Blabla, und Nina Petrowna hört nicht wirklich zu. Wenn sie aber das Wort Explosion hört, wird sie sich umdrehen, den Fernseher lauter stellen, sich Sorgen machen und versuchen, mehr zu erfahren. Wenn sie dagegen nur das Wort Knall hört, wird sie nicht reagieren.« Machen Sie sich keine Sorgen, hier gibt es nichts zu sehen, so die Botschaft an das TV-Publikum.

The show must go on

Ein Blick in den Maschinenraum der russischen Staatsmedien zeigt, wie groß der politische Einfluss auf die tägliche Arbeit der Redaktionen ist. Den Medienhäusern sind sogenannte Kuratoren zugeteilt, die darüber informieren, wie über ein Thema berichtet werden soll, und welche Bezeichnungen zu verwenden sind.

Das aus dem Exil arbeitende, unabhängige russische Onlinemedium *Meduza* bekommt immer wieder einen Einblick in diese behördlichen Vorgaben und zeigt anhand der Explosion der Krim-Brücke auf, wie die Berichterstattung in den russischen Medien den »Empfehlungen« der russischen Präsidialverwaltung folgt. Am 8. Oktober 2022, kurz nach sechs Uhr früh, kommt es auf der Krim-Brücke, die das russische Festland mit der besetzten Halbinsel verbindet, zu einer Explosion und einem darauf folgenden Brand. Statt davon zu sprechen, dass die Brücke schwere Schäden erlitten hat, sollen die russischen Medien schreiben, dass nur eine Fahrbahn und Teile der Eisenbahnbrücke beschädigt wurden. Der Hauptfokus der Berichterstattung soll laut den von *Meduza* zitierten Anweisungen auf positiven Meldungen liegen, etwa, dass die Fährverbindung zwischen dem russischen Festland und der besetzten Halbinsel weiterhin funktioniert und dass die Reparaturarbeiten bereits vorbereitet werden. Auch ich erfahre an diesem Oktobermorgen durch eine Meldung der staatlichen Nachrichtenagentur *RIA Nowosti* von der Explosion. Der Text, der sich offensichtlich sehr gewissenhaft an die Vorgaben der russischen Behörden hält und es so klingen lässt, als wäre der Schaden sehr begrenzt, bereitet mich nicht im Geringsten darauf vor, wie es am Ort der Explosion tatsächlich aussieht. Als ich die ersten Bild- und Videoaufnahmen der sogenannten Fahrbahnschäden sehe, bin ich mehr als überrascht: In der Brücke klafft ein riesiges Loch. Die in den Meldungen der staatlichen Agentur erwähnte Fahrbahn ist nicht einfach beschädigt, sie ist zerstört und teilweise ins Wasser gestürzt.

Dass Zensur und politische Beeinflussung von Medien nichts Neues sind, bestätigt mir auch ein ehemaliger Mitarbeiter eines großen russischen Medienunternehmens. Er ist bereit, mir anonym von den Vorgängen innerhalb der Staatsmedien zu erzählen. »Zensur hat es schon immer gegeben. Man gibt uns Anweisungen, wie wir über ein Thema berichten sollen, und aus welcher Perspektive. So haben wir beispielsweise sofort nach Kriegsbeginn die Anweisung erhalten, dass man nur der offiziellen Linie des Verteidigungsministeriums folgen soll. Es war dann schnell klar, dass das, was in der Ukraine passiert, als ›Spezialoperation‹ zu bezeichnen ist, eine ›Operation zur Denazifizierung und Entmilitarisierung‹, und diese Vorgaben werden streng befolgt.« Für meinen Gesprächspartner ist mit Kriegsbeginn klar, dass er seine Arbeit mit seinem Gewissen nicht mehr vereinbaren kann. Er kündigt. »Es war auch davor schon ein Kompromiss. Ich habe mich dafür geschämt, für wen ich arbeite und von wem ich Geld bekomme. Irgendwie konnte und musste ich damit leben. Aber jetzt wurde eine rote Linie überschritten, ich konnte nicht mehr dortbleiben. Aber natürlich mache ich mir Sorgen, weil ich damit Stabilität verliere. Davor fürchten sich derzeit viele.«

Berichte über Kündigungen, Abgänge und Widerstand in staatlichen Medien dringen in den ersten Kriegsmonaten immer wieder an die Öffentlichkeit. Vor allem der Fall von Marina Owsjannikowa sorgt für große Aufmerksamkeit. Die Mitarbeiterin des Senders *Perwy Kanal* taucht am Abend des 14. März 2022 in der wichtigsten Abendnachrichtensendung plötzlich mit einem Plakat hinter der Moderatorin auf. Darauf ist auf Englisch zu lesen: »No War«, darunter auf Russisch: »Stoppt diesen Krieg. Glaubt der Propaganda nicht. Ihr werdet hier belogen.« Gleichzeitig ruft Owsjannikowa, hinter der Moderatorin stehend, »Stoppt den Krieg« und »Nein zum Krieg«. Für sechs Sekunden gelingt es ihr, ihre Botschaft live auf Sendung zu bringen, dann spielt die Regie eilig den nächsten Beitrag ein. Owsjannikowa wird festgenommen und erhält eine Geldstrafe von umgerechnet rund 260 Euro. Gleichzeitig wird gegen sie ein Verfahren wegen der Verbreitung von »Falschinformationen« eingeleitet. Für einige Monate verlässt Owsjannikowa Russland, um für die deutsche Zeitung *Die Welt* zu arbeiten. Im Juli 2022 kehrt sie für kurze Zeit nach Russland zurück. Nach einer Protestaktion in der Moskauer Innenstadt, in der sie Wladimir Putin als Mörder bezeichnet, wird sie unter Hausarrest gestellt. Ihr droht eine mehrjährige Haftstrafe. Marina Owsjannikowa kann entkommen und flieht mit der Hilfe von Reporter ohne Grenzen nach Frankreich. Während sie in den westlichen Medien noch lange Aufmerksamkeit bekommt, hört man in Moskau schon bald nichts mehr von ihr. In der russischen Medienlandschaft kehrt eine neue Normalität ein.

Nur selten bekommt das System der Staatspropaganda noch Risse. Trotzdem oder vielleicht gerade deswegen sorgt im November 2022 der ansonsten systemtreue Moderator Andrei Norkin für einen kleinen Skandal, als er auf dem Kanal NTW über den russischen Truppenrückzug aus Cherson spricht, das Russland nur wenige Wochen davor völkerrechtswidrig annektiert hat. »Wenn Sie von mir erwarten, dass ich Ihnen jetzt erkläre, was ich [vom Abzug] halte, werde ich Ihnen gar nichts sagen. Aber ich werde Ihnen sagen, warum. Wenn ich die Entscheidung unterstütze und sage, dass der Verteidigungsminister richtig handelt, indem er Cherson verlässt, dann rufe ich öffentlich dazu auf, die territoriale Integrität Russlands zu verletzen. In unserem Strafgesetzbuch steht das in Artikel 280, Teil 1. Ich habe heute Morgen extra nachgesehen. [Es drohen] mehrere Jahre Gefängnis. Und wenn ich die Entscheidung nicht unterstütze und der Meinung bin, dass das Verteidigungsministerium mit dem Abzug aus Cherson das Falsche getan hat, dann bringe ich die Streitkräfte öffentlich in Misskredit, was ebenfalls unter Artikel 280, aber Teil 3, fällt und ungefähr die gleiche Gefängnisstrafe nach sich zieht. Ich will nicht ins Gefängnis gehen.«

Für BBC-Journalist Francis Scarr ist das einer der wenigen Momente, in dem die Menschen vor dem Fernseher einen kleinen Einblick in das bekommen, was die Moderatorinnen und Moderatoren, die die staatliche Propaganda präsentieren, wirklich denken. »[Es zeigt], dass der Moderator die Tatsache anerkennt, dass er in einem totalitären Staat lebt, in dem alles, was er sagt, ihn möglicherweise für viele Jahre ins Gefängnis bringen kann. Dass er bereit ist, das zu sagen, deutet für mich darauf hin, dass er sich seiner Rolle in der staatlichen Propagandamaschine sehr bewusst ist«, meint Scarr. Wie NTW-Moderator Andrei Norkin dürften auch viele andere Propagandisten, wie sie von Beobachtern genannt werden, ganz genau wissen, in welchem System sie arbeiten, und dass sie es aktiv unterstützen. Doch die Hoffnung vieler Regimekritikerinnen und -kritiker, es könnte zu einem nachhaltigen Aufbegehren innerhalb des Propagandasystems kommen, erlöscht schnell. Die Maschinerie der russischen Staatsmedien ist gut geölt und arbeitet gezielt und unaufhörlich daran, eine Art parallele Realität für Millionen Zuschauerinnen und Zuschauer herzustellen. Der Wille, an diese Parallelwelt zu glauben, scheint bei vielen groß zu sein.

Mit Widersprüchen leben

Beim Versuch, mit Menschen auf der Straße in Moskau oder anderen russischen Städten über das russische Vorgehen in der Ukraine zu sprechen, bekomme ich immer wieder den gleichen Satz zu hören: »Es ist nicht alles so eindeutig.« Oft scheint das Ziel der russischen Propaganda nicht zu sein, dass die Leute glauben, was sie sehen, sondern dass sie gar nichts mehr glauben oder Widersprüchlichkeiten einfach akzeptieren.

In diesen Situationen fühle ich mich regelmäßig an Orwells »1984« erinnert. Der Orwell'sche Begriff vom »Doppeldenk« beschreibt, wie Menschen in dem totalitären System bereit sind, einander widersprechende Tatsachen zu akzeptieren. »Krieg ist Frieden« ist eines der bekanntesten Zitate aus dem Roman, Orwell spricht von »Wirklichkeitskontrolle«. Auch in Russland ist es möglich, den Widerspruch zu ignorieren, dass die Propaganda einerseits versucht, die Bevölkerung zu beruhigen, sie andererseits aber auch moralisch gegen den vermeintlichen Todfeind mobilisieren will. Folgt man dieser Logik, ist die russische Bevölkerung in Sicherheit, aber gleichzeitig auch in tödlicher Gefahr. Und der Doppeldenk reicht noch weiter: Wladimir Putin warnt einerseits vor »aggressivem Nationalismus« in der Ukraine, spricht dem Land aber andererseits ab, überhaupt eine Nation zu sein. Bei vielen Ereignissen werden außerdem – wie beim Massaker in Butscha – mehrere Versionen einer Geschichte präsentiert, die nicht nur falsch, sondern miteinander auch unvereinbar sind. Aber auch hier gilt es, die Widersprüche zu akzeptieren und nicht zu hinterfragen.

Dieses widersprüchliche Denken begegnet mir auch bei meiner Reise nach Rostow am Don zum ersten Jahrestag des russischen Angriffs auf die Ukraine. Dreizehn Stunden dauert unsere Autofahrt von Moskau in die Stadt in Südrussland. Im Jahr zuvor hatten mein Kameramann und ich die Strecke schon einmal zurückgelegt, damals noch mit dem Flugzeug. Doch seit Kriegsbeginn ist der örtliche Flughafen für den zivilen Flugverkehr geschlossen. Denn in Rostow am Don ist der Krieg sehr nahe, nur rund hundert Kilometer sind es bis zur Grenze. Immer wieder kommt es in der Region zu Drohnenangriffen oder mysteriösen Zwischenfällen, wie einem Brand im örtlichen Büro des Geheimdienstes FSB. Schon auf der Autobahn wird der Krieg in Form von unzähligen russischen Militärfahrzeugen sichtbar, die Buchstaben Z und V prangen auf den olivgrünen Wagen. In Kolonnen fahren sie Richtung ukrainische Grenze. Auch in Rostow am Don, einem wichtigen Verkehrsknotenpunkt, gehört das Militär mittlerweile zum Stadtbild. Während unseres Besuchs herrscht strahlender Sonnenschein, die Soldaten in grün-braunen Camouflage-Uniformen ziehen in Gruppen durch die Stadt. Im Gegensatz zur

Hauptstadt Moskau können die Menschen hier die Geschehnisse in der Ukraine nicht so einfach verdrängen, könnte man annehmen. Doch die meisten, mit denen ich spreche, beweisen mir das Gegenteil. Natürlich seien die Ereignisse beängstigend, aber es sei alles in Ordnung, erzählt mir eine Frau. In der Stadt sei eigentlich alles wie früher, meint sie. Dass nichts wie früher ist, sieht man nicht zuletzt an den Soldaten, die sich zum Zeitpunkt unseres Gesprächs vor den Sehenswürdigkeiten der Stadt gegenseitig fotografieren. Eine andere Frau Mitte fünfzig zeigt sich von der Militärpräsenz in der Stadt ebenso unbeeindruckt. Alles sei normal, ihr Einkommen sei gut, es sei alles ruhig. Das von russischen Truppen völlig zerstörte Mariupol ist nur 180 Kilometer entfernt. In Rostow am Don, so scheinen es sich die Menschen zumindest einzureden, ist trotzdem »alles in Ordnung«. Doch so sehr die Menschen die Augen verschließen wollen, sie entkommen den Auswirkungen des Krieges nicht. Rostow am Don wird schon bald ein zentraler Schauplatz des Machtkampfs zwischen Wagner-Chef Jewgeni Prigoschin und der russischen Führung.

IM FEINDESLAND:
UKRAINISCHE FLÜCHTLINGE
IN RUSSLAND

Miriam Beller

Die Ukraine und Russland teilen sich eine fast zweitausend Kilometer lange Landgrenze. Es ist eine Grenze, die Russland nicht mehr anerkennen und mit brutaler Gewalt Richtung Westen verschieben will. Über diese Grenzlinie sind die russischen Panzer auf ukrainisches Territorium vorgedrungen, gleichzeitig ist sie für viele Menschen in der Ostukraine auch der einzige Weg, der Gewalt zu entkommen.

Es mag abwegig klingen, dass Ukrainerinnen und Ukrainer ausgerechnet nach Russland fliehen. Trotzdem haben hunderttausende genau das getan. Laut Angaben des UNHCR, des Flüchtlingshilfswerks der UNO, befinden sich Anfang 2023 beinahe 2,9 Millionen ukrainische Geflüchtete in Russland.

Viele Russinnen und Russen bestehen auch heute noch auf der Ansicht, dass sie und die Ukrainer Brüdervölker seien. Den Zynismus, der in dieser Aussage mittlerweile mitschwingt, scheinen sie oft nicht zu erkennen. Tatsächlich sind die familiären Verbindungen zwischen den beiden Ländern eng. Geschätzte elf Millionen Russinnen und Russen, knapp acht Prozent der Gesamtbevölkerung, haben Verwandte in der Ukraine. Viele Ukrainerinnen und Ukrainer suchen daher schon aus rein pragmatischen Gründen den Weg nach Russland, denn bei ihren Verwandten haben sie die Möglichkeit unterzukommen. Ein familiäres Netz hilft, einen Neustart zu versuchen, und gerade für Russischsprachige aus der Ostukraine fällt die Sprachbarriere weg, die das Leben anderswo massiv erschweren würde.

Es gibt auch jene, die mit dem Vorgehen Russlands einverstanden sind. Wie groß ihr Anteil an der gesamten ukrainischen Flüchtlingsbevölkerung in Russland ist, lässt sich nicht beziffern. Von den russischen Behörden und den Staatsmedien wird diese Gruppe instrumentalisiert, um den Krieg zu rechtfertigen. Schließlich repräsentieren sie jene Menschen, die laut der russischen Propaganda durch die »militärische Spezialoperation« vor der erfundenen ukrainischen Bedrohung gerettet werden müssen.

Schon am 18. Februar 2022 ordnen die prorussischen Behörden der selbsternannten »Volksrepubliken« Donezk und Luhansk »Evakuierungen« an und begründen das Vorgehen mit einer angeblich bevorstehenden ukrainischen Offensive. Laut dem russischen Katastrophenschutzministerium werden so 50 000 Menschen über die Grenze nach Russland gebracht. Die Zahlen sind unabhängig nicht überprüfbar. Die ukrainischen Behörden beschuldigen daraufhin Moskau, einen Vorwand für eine militärische Intervention zu schaffen. Auch aus Europa ist Besorgnis zu hören, dass solche Inszenierungen auf eine bevorstehende Eskalation durch Russland hindeuten könnten. Sie behalten recht: Nur eine Woche später beginnt der russische Angriffskrieg.

Die vermeintliche Bedrohung für die russischsprachige Bevölkerung in der Ostukraine ist ein beliebtes »Argument« der russischen Staatspropaganda für den Krieg gegen die Ukraine. Dementsprechend gerne und oft werden in den russischen Medien Menschen präsentiert, die dieses Narrativ unterstützen.

Vorzeige-Flüchtlinge

Gegenüber westlichen Medien geben sich die Behörden deutlich wortkarger. Auch wir fragen nach Kriegsbeginn um Interviews mit russischen Behörden und mit von ihnen betreuten Menschen aus der Donbas-Region an. Wir erhalten Absage um Absage, bis wir im November 2022 doch von den Regionalbehörden in Nischni Nowgorod, vierhundert Kilometer östlich von Moskau, eingeladen werden.

In Bor, einer Vorstadt von Nischni Nowgorod mit rund 78 000 Einwohnern, erwartet uns der Bürgermeister persönlich. Er und sechs weitere Vertreter der lokalen Behörden möchten uns Vorzeigeprojekte der Unterbringung ukrainischer Flüchtlinge präsentieren. Es ist ein seltener Einblick, den wir hier bekommen, aber auch ein sehr begrenzter und genau kontrollierter. Kurz vor dem vereinbarten Drehtermin eröffnet uns die Pressesprecherin der Lokalverwaltung, dass sie uns mit einem eigenen Kamerateam begleiten möchten. Seit Kriegsbeginn werden westliche Medien in Russland gerne verteufelt, in diesem Fall soll unser Besuch den Behörden offenbar als PR-Aktion dienen. Es folgen lange Diskussionen, denn wir wollen weder für russische Propaganda herhalten, noch können wir ungestört mit unseren Interviewpartnerinnen sprechen, wenn zwei Kamerateams auf engstem Raum arbeiten.

Unsere Bedingung, dass die ORF-Kamera die einzige ist, die filmt, wird letztlich akzeptiert. Ganz vertraue ich den Versicherungen der Behörden nicht und verabrede mit unserer Producerin, dass sie mit dem Smartphone mitfilmt, sollten trotz aller Absprachen Kameras ausgepackt werden. Sie würde also filmen, wie wir gefilmt werden, während wir filmen. Ein solch absurdes Katz-und-Maus-Spiel ist dann aber nicht notwendig, die lokalen Behördenvertreter halten sich an unsere Abmachung. Ungestört finden die Interviews trotzdem nicht statt.

Wir fahren in ein typisches Wohnviertel mit Plattenbauten aus Sowjetzeiten. Dort sollen wir Frauen mit ihren Kindern aus der Region Donezk treffen. Unsere Gesprächspartnerinnen wurden von den Behörden ausgewählt. Während wir in den kleinen, aber gepflegten Wohnungen die Interviews führen, stehen hinter mir und dem Kameramann nicht nur der Bürgermeister, sondern auch die restlichen Vertreterinnen und Vertreter der Stadt dicht gedrängt im kleinen Gang und hören jedes Wort mit. Sollte sich der Bürgermeister Sorgen gemacht haben, dass unsere Gesprächspartnerinnen etwas aus seiner Sicht Unerwünschtes erzählen, so sind seine Bedenken völlig unbegründet, denn die Frauen äußern nur russlandfreundliche Ansichten.

Die 43-jährige Lena ist im Juni 2022 vor den Kämpfen in der von Russland besetzten Stadt Donezk geflohen. Ihre erwachsene Tochter studiert mittlerweile in Irland, sie wollte in ein neutrales Land und so weit wie möglich weg von den Kampfhandlungen ziehen, erklärt Lena. Sie selbst sei dagegen froh, auf russischem Boden zu sein. Dass Russland Teile der Ostukraine nun als eigenes Territorium beansprucht, stört sie nicht, im Gegenteil. »Ich bin sehr dafür. Es ist, als wäre ich wieder zu Hause. Das ist die Rückkehr in die Sowjetunion. Es ist wie ein ganzer Organismus, der auseinandergefallen ist. Er muss vollständig sein, um gesund zu sein.« Sie habe immer noch regelmäßig Kontakt mit ihren Verwandten in Donezk, über die aktuellen Geschehnisse rede sie mit ihnen aber lieber nicht. Sie lese in russischen Medien darüber, was zu Hause geschehe.

Gerne hätte ich noch länger mit ihr gesprochen, doch der

vorgegebene Zeitplan ist eng, und ich zögere, vor so einem großen Publikum heiklere Fragen anzusprechen. Immerhin ist mein Gegenüber von der Hilfe genau jener Personen abhängig, die sich hinter uns im Hausflur buchstäblich auf die Zehen steigen. Menschen mit russlandfreundlichen Ansichten, die dankbar sind für die großzügige Hilfe durch den russischen Staat, das ist genau das Bild, das uns bei dem Besuch in diesem Vorort von Nischni Nowgorod vermittelt werden soll.

Laut dem Bürgermeister leben in Bor 35 Menschen aus der Ukraine in zwölf Wohnungen. Dabei handelt es sich vor allem um Frauen, Kinder und Ältere. Er bezeichnet sie als Gäste und spricht ganz im Einklang mit der russischen Staatspropaganda von einem »Genozid« seitens der Ukraine an der russischsprachigen Bevölkerung. Dass nicht die Ukraine, sondern Russland den Krieg begonnen hat, und Russland in der Ostukraine auch die russischsprachige Bevölkerung bombardiert, erwähnt er nicht.

Bei unserem Besuch in Nischni Nowgorod ist auch von den sogenannten Filtrationslagern in Russland und in russisch kontrollierten Gebieten keine Rede. Die Menschenrechtsorganisation Human Rights Watch[6] berichtet davon, wie ukrainische Flüchtlinge in diesen Lagern ein intensives und teilweise gewaltsames Screening-Verfahren durchlaufen müssen, mit Leibesvisitationen und Verhören zu ihren politischen Ansichten. In Russland sprechen die Staatsmedien lediglich von Checkpoints, die Zivilisten durchlaufen müssen, wenn sie die umkämpften Gebiete verlassen.

Russische Menschenrechtsaktivisten widersprechen außerdem dem Narrativ der Behörden, dass die Geflüchteten aus der Ostukraine vom russischen Staat gut umsorgt würden. Laut den Aktivisten ist nur ein Bruchteil der Menschen, die aus der Ukraine nach Russland gekommen sind, in staatlichen Notunterkünften untergebracht. Die allermeisten müssen sich selbst ein Obdach organisieren oder kommen vorübergehend bei Verwandten unter.

Ein mutiger Priester

Die Lücken, die der russische Staat in der Betreuung der Vertriebenen hinterlässt, werden von privaten Initiativen gestopft. Vor allem jene Ukrainerinnen und Ukrainer, die Russland auf dem schnellsten Weg wieder verlassen wollen, sind auf die Hilfe Freiwilliger angewiesen, um Zugtickets und Übernachtungsmöglichkeiten zu bezahlen, oder um die gnadenlose und zermürbende russische Bürokratie zu bewältigen.

Weil es in den umkämpften Gebieten im Osten der Ukraine durch die Frontlinien oft kein sicheres Entkommen Richtung Westen gibt, müssen die Menschen den weiten und strapaziösen Umweg über Russland auf sich nehmen, um nach Europa zu gelangen. Offizielle Zahlen, wie viele Menschen diese Fluchtroute nehmen, gibt es nicht. Sie führt von der Ukraine über Südrussland Richtung Norden bis in die Millionenmetropole Sankt Petersburg. »Das Tor nach Europa« wird die zweitgrößte Stadt Russlands oft genannt, und für die ukrainischen Geflüchteten ist Sankt Petersburg genau das. Von hier aus sind es nicht einmal zweihundert Kilometer bis zur Grenze, in Richtung Westen geht es nach Estland, etwas weiter nördlich nach Finnland.

Einer, der bereits tausenden Geflüchteten aus der Ukraine geholfen hat, ist Grigori Michnow-Wajtenko. Wir treffen ihn im Juni 2022 in einem kleinen Café im Zentrum von Sankt

Petersburg. Er trägt einen dunklen Bart, seine langen Haare sind zu einem Pferdeschwanz zusammengebunden. Lediglich der Priesterkragen an seinem Jeanshemd und das silberne Kreuz, das er um den Hals trägt, verraten seinen Berufsstand. Der Priester ist Mitte fünfzig, doch mit seinem unprätentiösen und lockeren Auftreten wirkt er viel jünger.

Kirchenmänner wie Grigori sind im heutigen Russland kaum mehr zu finden. Er verurteilt den Krieg gegen die Ukraine und nimmt trotz Strafandrohung kein Blatt vor den Mund. Früher gehörte er der Russisch-Orthodoxen Kirche an. Doch ihr hat er schon im Jahr 2014 den Rücken gekehrt, als Russland die ukrainische Halbinsel Krim annektierte und den Konflikt in der Ostukraine vom Zaun brach. Stattdessen trat er einer unabhängigen apostolisch-orthodoxen Gemeinschaft bei. Die Russisch-Orthodoxe Kirche sei viel zu eng verbunden mit der Staatsmacht, meint Grigori Michnow-Wajtenko: »Die Russisch-Orthodoxe Kirche des Moskauer Patriarchats, wie es korrekt heißt, wurde im Interesse und im Auftrag des Staates gegründet. Und so verlangt der Staat nun vollständige Loyalität und volle Unterstützung von dieser Organisation.« Das widerspricht seiner Meinung nach grundlegend der eigentlichen Rolle der Kirche. Sie müsse vielmehr eine Art »moralische Stimmgabel« sein. Geschieht ein Unrecht, so seine Überzeugung, dann ist es Aufgabe der Kirche, dieses Unrecht aufzuzeigen. Aber um diese Aufgabe erfüllen zu können, muss sie völlig unabhängig sein.

Von Unabhängigkeit kann bei der Russisch-Orthodoxen Kirche keine Rede sein. Das Kirchenoberhaupt, Patriarch Kyrill, gilt seit Jahren als wichtiger Verbündeter von Wladimir Putin. Den brutalen Angriffskrieg gegen die Ukraine verteidigt der Patriarch nicht nur, er liefert auch ideologische Unterstützung. Die umkämpfte Donbas-Region in der Ostukraine bezeichnet er als »heiligen Teil« Russlands. Russischen Soldaten, die in der Ukraine im Kampf sterben, seien alle Sünden vergeben, erklärt das Kirchenoberhaupt. Der Patriarch wiederholt und betont die Phrasen der politischen Führung in Moskau, bezeichnet das russische Vorgehen als Kampf gegen den Einfluss des westlichen Liberalismus in der Ukraine und stilisiert das russische Blutvergießen zum Kampf Gut gegen Böse.

Grigori Michnow-Wajtenko versteht seinen Glauben völlig anders. Statt in einer der vielen glanzvollen, goldverzierten russisch-orthodoxen Kathedralen und Kirchen hält er seine Gottesdienste jetzt in einem Raum einer leer stehenden Fabrik. Äußerlichkeiten haben für ihn keine Bedeutung. Wichtiger ist ihm der christliche Grundsatz der Nächstenliebe. Natürlich predigt Grigori auch, aber er hat sich vor allem der Unterstützung jener verschrieben, die von den russischen Behörden im Stich gelassen werden. Den Humanismus sieht er in Russland in einer tiefen Krise: »Wir sind an einem Punkt angekommen, wo es in Russland an Moral und Ethik mangelt. Diese Prinzipien haben hier keinen Wert mehr. Und das ist natürlich auch ein gigantisches Versagen der religiösen Organisationen und kirchlichen Strukturen in den vergangenen Jahrzehnten.«

Solche kritischen Worte trauen sich nur mehr wenige Menschen in Russland zu äußern, vor allem im Gespräch mit ausländischen Journalisten. Vieles von dem, was Grigori in der Öffentlichkeit sagt, kann ihm unter den geltenden russischen Zensurgesetzen hohe Geldstrafen bis hin zu einer mehrjährigen Haftstrafe einbringen. Trotzdem will er nicht schweigen. Als Priester will er ein Beispiel für andere sein. In einer Zeit, in

der in Russland oft unklar ist, wo die Grenze zwischen Erlaub-
tem und Verbotenem verläuft, wo diese Trennlinie willkürlich
von den Behörden gezogen wird, zeigt er Verständnis dafür,
dass die Menschen Angst haben. Trotzdem ist es ihm wichtig,
die Dinge beim Namen zu nennen und die eigene Angst zu
überwinden. Er mache nur seine Arbeit, meint Grigori achsel-
zuckend. Die russischen Behörden versucht er zu ignorieren.
Dass der russische Staat tatsächlich daran interessiert ist, den
Geflüchteten aus der Ukraine zu helfen, glaubt er nicht.

Während unseres Gesprächs leuchtet Grigoris Smartphone
ständig auf – permanent erhält er Anrufe oder Nachrichten –,
eine weitere hilfesuchende Familie aus der Ukraine soll am
Tag unseres Interviews in Sankt Petersburg ankommen. Der
Priester ist gezwungenermaßen Multitasker: Während er die
Vorbereitungen für die Neuankommenden trifft, ist er gleichzeitig in Kontakt mit einem Krankenhaus, das ihn bei der me-
dizinischen Versorgung der Geflüchteten unterstützt. Denn
die wird häufig dringend benötigt. Manche Flüchtlinge haben es nur schwer verletzt aus den umkämpften Gebieten in
der Ostukraine geschafft. Andere sind ältere Menschen, die
medizinische Unterstützung benötigen und die nicht daran gedacht hätten, dass sie in ihrem letzten Lebensabschnitt
ihre Heimat noch einmal verlassen müssen. Grigori ist zwar in
Sankt Petersburg tätig, aber seine Arbeit beginnt an ganz anderen Orten. Über soziale Netzwerke wie Facebook oder Telegram kommt er in Kontakt mit Geflüchteten, die auf der Suche nach Hilfe sind. Viele sind noch weit entfernt von Sankt
Petersburg, da hilft er ihnen bereits mit dem Kauf von Zugtickets Richtung Norden oder bringt sie in Kontakt mit lokalen Freiwilligen. Wer es bis in die Millionenstadt schafft, kann
sich in einer bereitgestellten Unterkunft etwas erholen und

die Weiterreise planen. Grigori erlaubt uns, dort zu filmen. Er selbst hat keine Zeit, uns zu begleiten, denn schon wieder läutet sein Telefon, wieder braucht jemand seine Hilfe.

Zwischenstation Sankt Petersburg

Die Notunterkunft für Geflüchtete aus der Ukraine befindet sich in einem großen, ruhigen Innenhof, wie es sie häufig in Sankt Petersburg gibt. Fast wären wir daran vorbeigefahren. Auf der viel befahrenen Hauptstraße, dem berühmten Newski-Prospekt, kann man die schmale Einfahrt leicht übersehen. Während draußen das alltägliche Treiben einer Großstadt herrscht, biegt man hier ab in eine völlig andere Welt. Vor dem Haus packt eine vierköpfige Familie gerade hastig ihre wenigen Habseligkeiten in ein Auto. Sie sind in Eile, weil sie den nächsten Bus zur 160 Kilometer entfernten estnischen Grenze erwischen wollen. Eine Freiwillige wird sie mit ihrem Auto zur Busstation fahren. Sie sind aus Mariupol geflüchtet und wollen nach Deutschland zur Schwester der Frau, die sich als Jelena vorstellt. Sie hält ihre acht Monate alte Tochter Kira im Arm. Vater Bogdan lädt die Babytrage ins Auto. Währenddessen erzählt uns der 21-jährige Sohn Tali von einem russischen Bombenangriff Anfang März 2022, der das Wohnhaus der Familie getroffen hat: »Ich habe eine Explosion gehört. Ich habe gemerkt, dass etwas nicht stimmt, und habe meine Mutter nach mir rufen gehört. Ich habe das Baby geschnappt, habe es so fest an mich gedrückt, wie ich konnte, und bin den Gang hinuntergerannt. Eine Sekunde später gab es noch eine Explosion, es hat mehrmals im Haus eingeschlagen. Natürlich habe ich das Baby, so gut es ging, mit meinem

Körper geschützt. Ich liebe meine Schwester sehr. Als es vorbei war, habe ich nur gesehen, dass sie mit Blut überströmt war. Ich dachte kurz, es sei ihr Blut, aber zum Glück war es mein eigenes.« Tali verlor so viel Blut, dass er den russischen Angriff fast nicht überlebt hätte. Während er erzählt, zeigt er auf seine Beine und deutet an, wo sich seine Narben unter den Jeans befinden. Ich zweifle nicht daran, dass er mit dem raschen Handeln seiner Schwester das Leben gerettet hat.

Seine Familie ist schon bereit für die Abfahrt, aber Tali hat noch viel zu erzählen. Es scheint, als möchte er endlich mit jemandem seine Geschichte teilen. Denn der Bombenangriff, der ihn beinahe getötet hätte, ist nicht das einzige schreckliche Erlebnis, das der 21-Jährige verarbeiten muss. So musste er dabei zusehen, wie sein Vater Tote aus zerbombten Häusern geborgen hat, viele davon Kinder.

Als Jugendlicher habe er eine sehr positive Meinung von Russland gehabt, sagt Tali, jetzt ist der Aufenthalt in Sankt Petersburg eine Qual für ihn. »Ich sehe die Russen nun völlig anders. Natürlich gibt es gute Menschen, das stimmt. Gegen sie verspüre ich keinen Hass, weil ich weiß, dass es nicht ihre Schuld ist. Aber es gibt eben auch jene, die das alles unterstützen. Es ist schrecklich.« Als wir uns von ihm und seiner Familie verabschieden, sehen sie zwar erschöpft aus, wirken aber glücklich darüber, Russland endlich verlassen zu können. Ich bitte Tali noch, zu schreiben, wenn sie in Estland angekommen sind.

Wir blicken dem Auto nach, wie es um die Ecke biegt. Noch benommen von dem, was wir gehört haben, betreten wir das Gebäude. Es ist eine kleine, aber freundlich gestaltete Unterkunft mit einem Mehrbettzimmer und einem privaten Doppelzimmer. Ein Mitarbeiter erzählt, dass momentan nur noch ein Ehepaar aus Mariupol hier sei. Wir warten im Vorraum, während er sie fragt, ob sie überhaupt mit uns sprechen möchten. Ja, sie möchten.

Das Grauen von Mariupol

Wiktoria und Wladimir sind 37 und 31 Jahre alt. Wiktoria hat schwarze, lange Haare und trägt eine Brille, auf ihren Unterarmen sind dunkle, noch nicht ganz verheilte Narben zu sehen. Ihr Mann Wladimir wirkt sehr schwach und sieht blass aus. Er hat sein linkes Bein verloren und scheint kaum noch die Kraft zu besitzen, sich auf seinen Krücken zu halten. Wiktoria stützt ihn, als er sich vom Bett auf einen Stuhl setzt. Die beiden haben heute Besuch von Friseur Sascha. Auch er ist ein Freiwilliger und will den Geflüchteten ein wenig Normalität ermöglichen. Dabei geht es um viel mehr als nur um einen Haarschnitt, mit jeder abgeschnittenen Strähne scheint das Vergangene etwas weiter weg und der Neuanfang etwas näher zu rücken. Während Sascha sorgfältig Wladimirs blonde und bereits etwas zerzauste Haare wieder in Form bringt, erzählen er und Wiktoria von den Tagen Anfang März 2022, die ihr Leben zerstört haben.

Wiktoria ist damals im neunten Monat schwanger und in einer Geburtsklinik in Mariupol untergebracht. Der 9. März 2022 sei ein gewöhnlicher Tag gewesen, sagt sie – »gewöhnlich« bedeutet in diesem Zusammenhang nicht friedlich, sondern ein normaler Tag im Krieg. Ab und zu haben sie in der Ferne Schüsse gehört, aber nicht mehr als an anderen Tagen. Am Nachmittag bombardieren russische Flugzeuge trotz einer zu der Zeit geltenden Feuerpause die Stadt – und treffen das Krankenhaus, in dem Wiktoria auf die Geburt ihres Kindes wartet. Sie befindet sich zum Zeitpunkt des Angriffs im zweiten Stock des Gebäudes. »Es gab eine laute Explosion, und dann ist einfach alles eingestürzt, zusammengebrochen. Ich war in einem Schockzustand und habe nicht verstanden, was passiert. Irgendwann habe ich realisiert, dass ich unter Trümmern begraben bin. Zum Glück bin ich bei Bewusstsein geblieben und konnte um Hilfe rufen. Überall war Blut, ich hatte Verletzungen an Armen und Beinen. Aber die schlimmste Wunde war an meinem Bauch. Damals habe ich noch nicht gewusst, wie schlimm es ist.«

Rettungskräfte ziehen Wiktoria aus den Trümmern und transportieren sie in eine andere Geburtsklinik in der Stadt, es ist die einzige, die noch in Betrieb ist. Wegen der anhaltenden Luftangriffe wird Wiktoria in den Keller des Krankenhauses gebracht. Das medizinische Personal hat hier einen notdürftigen Operationsraum eingerichtet. Die Versorgungslage ist katastrophal, es gibt weder Strom noch Licht, noch Wasser. Die Ärztin muss einen Notkaiserschnitt durchführen, einen Operationstisch gibt es nicht, Wiktoria muss auf der Trage operiert werden. Das Kind kann die Ärztin nicht retten.

Während die Bilder der Zerstörung nach dem Angriff auf die Geburtsklinik um die Welt gehen und für Entsetzen sorgen, herrscht in Mariupol Chaos. Die Kämpfe halten an, Internet und Telefonnetze sind lahmgelegt. Die Nachricht vom Angriff dringt deshalb nicht sofort zu Wladimir durch, mit einem Freund macht er sich am nächsten Tag auf den Weg zur Klinik. Es herrscht Lebensmittelknappheit in Mariupol, fast alle Geschäfte sind geschlossen. Wladimir und sein Freund schlagen sich zu einem Laden durch, von dem sie gehört haben, dass er noch geöffnet hat. Drei Äpfel und Toilettenpapier kann Wladimir für Wiktoria kaufen. Er und sein Freund wollen eine Abkürzung durch ein Wohnviertel nehmen. Dort geraten sie in einen russischen Luftangriff, Wladimirs Freund stirbt vor seinen Augen, er selbst wird schwer verletzt. Ein fremder Mann hört seine Hilferufe, eilt zu ihm und bindet ihm notdürftig das zertrümmerte Bein ab, um den Blutverlust zu stoppen. Wladimir wird in ein örtliches Krankenhaus gebracht, nach der Erstversorgung des Beines wird er am Rücken operiert, denn auch da hat er schwere Verletzungen. Während er dort liegt, halten die Kämpfe weiter an. Die medizinische Versorgung, die er benötigt, kann man ihm hier nicht bieten. Deswegen wird Wladimir in die rund hundert Kilometer entfernte Stadt Donezk gebracht. Er hat immer noch die Hoffnung, sein Bein könnte gerettet werden. Doch die Verletzungen sind zu gravierend. Die Ärzte und Ärztinnen machen ihm klar: Entweder wird sein Bein amputiert, oder Wladimir stirbt durch die entstehenden Infektionen.

Zur gleichen Zeit werden Wiktorias schwere Verletzungen behandelt. Mehr als einen Monat bleibt sie im Keller des Krankenhauses, in das sie nach dem Bombenangriff gebracht wurde. Das medizinische Personal sorgt für Wiktoria, so gut es kann, die Verletzungen an Armen und Beinen werden provisorisch behandelt, doch die Bedingungen sind menschenunwürdig. Es gibt keinen Strom, kein Tageslicht und kaum Wasser oder Nahrung. Von der Außenwelt dringen keinerlei Informationen zu ihr. Wiktoria weiß nicht, was draußen geschieht, sie hört immer nur die Explosionen und Kämpfe in der Stadt. Sie weiß auch nichts von ihrem Mann oder ob ihre Familie noch lebt. Und doch spürt sie in diesen Wochen einen starken Lebenswillen: »Ich hatte eine solche Angst, und ich wollte doch so sehr leben in diesem Moment.«

Mitte April wird das Krankenhaus, in dem Wiktoria behandelt wird, evakuiert. Sie wird aus der unmittelbaren Gefahrenzone gebracht und hat zum ersten Mal seit Wochen wieder eine Internetverbindung. Sie findet heraus, dass ihre gesamte Familie Mariupol verlassen konnte. Und sie erfährt, dass ihr Mann nach Donezk gebracht wurde. Obwohl sie selbst noch medizinische Betreuung braucht, fährt sie zu ihm.

Doch auch in der russisch kontrollierten Stadt ist es aufgrund der Kämpfe nicht sicher. Über soziale Netzwerke kommt das Ehepaar in Kontakt mit Freiwilligen aus Russland, die ihnen Hilfe anbieten. Wiktoria und Wladimir fliehen in die einzige Richtung, die ihnen offensteht. Sie überqueren die Grenze nach Russland und fahren beinahe zweitausend Kilometer über die südrussische Stadt Rostow am Don mit dem Zug in Richtung Norden, bis sie schließlich in Sankt Petersburg ankommen. Gleich bei ihrer Ankunft wird Wladimir mit hohem Fieber ins Krankenhaus eingeliefert. Die notdürftige Versorgung im Kriegsgebiet und die lange, strapaziöse Reise durch Russland haben seinen schwer verletzten Körper weiter geschwächt. Erst nach zwei Wochen wird er aus dem Krankenhaus entlassen.

Doch es sind nicht nur die körperlichen Verletzungen, die das Ehepaar bis nach Sankt Petersburg verfolgt haben. Wladimir deutet mit dem Finger nach oben: »Hier fliegen die Flugzeuge zwar nur, aber es ist schlimm, sie zu hören.« Wiktoria kann kaum schlafen, jedes Geräusch, das nach einem Flugzeug oder Hubschrauber klingt, bringt ihre Gedanken zurück in den Krieg. Während sie den Verlust ihres ungeborenen Kindes verarbeiten muss, hat sie sich vollkommen der Pflege ihres Mannes verschrieben. Körperlich erholen sich beide nach und nach dank der ärztlichen Versorgung und der Hilfe von

Freiwilligen in Sankt Petersburg. Doch die seelischen Wunden können in Russland nicht heilen.

Wie auch im Fall anderer Gräueltaten der russischen Armee in der Ukraine leugnet die Führung in Moskau, für den Angriff auf die Geburtsklinik und die mindestens vier Todesopfer und siebzehn Verletzten verantwortlich zu sein. Die Verschwörungstheorien, die von der russischen Führung gestreut werden und durch die russischen Staatsmedien geistern, sind vielfältig. Anfangs wird gänzlich bestritten, dass der Angriff überhaupt stattgefunden hat. Fotos und Videos, die die Zerstörung und die Rettungsaktionen zeigen, seien gestellt, behauptet die Staatspropaganda. Später setzen sich auf russischer Seite immer öfter Behauptungen durch, die Geburtsklinik sei zum Zeitpunkt der Bombardierung nicht in Betrieb gewesen, sondern von der Ukraine für militärische Zwecke verwendet worden. Selbst russische Botschafter in westlichen Ländern verbreiten diese Unwahrheiten.

Einen Monat nach dem Angriff, zu einem Zeitpunkt, als Wiktoria noch in einem Krankenhauskeller in Mariupol behandelt wird, veröffentlicht die Organisation für Sicherheit und Zusammenarbeit in Europa (OSZE) einen Bericht, der unmissverständlich festhält, dass die Behauptungen Russlands falsch sind. Der OSZE-Bericht bestätigt, dass die Geburtsklinik in Mariupol zur Zeit des Angriffs in Betrieb war und die Zerstörung aufgrund der vorliegenden Beweise auf einen russischen Angriff zurückzuführen ist. Die OSZE kommt darüber hinaus zum Schluss, dass es sich um einen gezielten Angriff ohne angemessene Warnung gehandelt hat. Dementsprechend sei der Angriff ein Verstoß gegen das humanitäre Völkerrecht und ein Kriegsverbrechen, urteilt die OSZE.[7]

Die Beweislast und die internationale Verurteilung des Angriffs hindern weder die russischen Staatsmedien noch die russische Führung daran, bei ihrer Position zu bleiben. Dass den Erzählungen in der russischen Gesellschaft Glauben geschenkt wird, ist für Wiktoria kaum zu ertragen. Sie möchte schreien, sagt sie, wenn sie die Kommentare von Menschen, die leugnen, was passiert ist, in den sozialen Netzwerken liest: »Sie waren nicht dabei, und es ist ein Glück für diese Leute, dass sie nicht dabei waren. Menschen haben ihre Kinder verloren, andere ihr Leben. Ich verstehe nicht, wie man so etwas schreiben kann.«

Wie oft habe ich selbst Gespräche mit Menschen geführt, die mir widersprüchliche Argumente vorgelegt haben bei dem Versuch, russische Gräueltaten in der Ukraine wegzuerklären. Schnell habe ich gelernt, wie nutzlos es ist, zu diskutieren. Viele Menschen scheinen die Wahrheit gar nicht genau wissen zu wollen. Fakten und Belege prallen an ihnen ab, die Vorstellung, der eigene Staat könnte solche Verbrechen begehen, wird als unmöglich abgetan.

Das Trauma bleibt

Inzwischen hat Friseur Sascha in Sankt Petersburg Wladimirs Haare in Form gebracht. Wladimir betrachtet seine neue Frisur im Spiegel und ist glücklich damit, der Haarschnitt scheint neue Lebensgeister in ihm geweckt zu haben. Es ist die Erinnerung an ein früheres, normales Leben. Nun ist Wiktoria an der Reihe – wir verabschieden uns von den beiden. Sie versprechen, sich zu melden, wenn sie es geschafft haben, Russland zu verlassen.

Wir treten wieder in das alltägliche Leben in Sankt Petersburg ein. Nur wenige hundert Meter von der Notunterkunft entfernt kann man in einem Souvenirladen T-Shirts mit dem Buchstaben Z oder dem Konterfei von Wladimir Putin kaufen. Auch kleine russische Flaggen gibt es dort. Normalerweise fallen mir diese Propagandaartikel kaum mehr auf, aber ich weiß, dass auch die Bewohnerinnen und Bewohner der Flüchtlingsunterkunft an diesen Souvenirständen vorbeikommen. Wie muss es sich für Wiktoria und Wladimir anfühlen, wenn sie die Männer auf der Straße sehen, die stolz ein Z auf der Brust tragen?

Einige Tage nach unserem Gespräch schicken Wiktoria und Wladimir tatsächlich Fotos und Nachrichten. Sie sind mit der Hilfe von Freiwilligen bis nach Deutschland gelangt. Dort kann Wladimir im Krankenhaus behandelt werden, und das Ehepaar hofft, dass der 31-Jährige bald die Möglichkeit hat, eine Prothese für sein Bein zu bekommen. Auch Tali und seine Familie lassen uns wissen, dass sie gut in Deutschland angekommen sind.

Die Ankunft in einem friedlichen und sicheren Land ist ein wichtiger Schritt für alle Geflüchteten, auch für Wiktoria und Wladimir. Das Ende ihrer Geschichte bedeutet es aber noch lange nicht. Die Erinnerungen, die Traumata und die Verletzungen bleiben. Anfang März 2023, genau ein Jahr, nachdem russische Bomben ihre Zukunft unter Trümmern begraben haben, telefoniere ich noch einmal mit den beiden. Sie leben im deutschen Bundesland Baden-Württemberg und haben angefangen, Deutsch zu lernen. Sie geben sich Mühe, in den Kursen gut mitzuarbeiten, doch neben den vielen Krankenhausbesuchen und den Sorgen, die sie weiterhin verfolgen, ist es schwierig, sich auf das Lernen einer neuen Sprache zu konzentrieren.

Ihre größte Hoffnung, dass Wladimir in Deutschland eine Prothese bekommt, ist bisher unerfüllt geblieben. Die Ärztinnen und Ärzte befürchten sogar, dass eine Prothesenanpassung unmöglich sein könnte. Denn vom Knochen am amputierten Bein sei kaum mehr etwas übrig, und damit sinke die Chance, dass eine Prothese angepasst werden kann. Doch noch wollen Wiktoria und Wladimir die Hoffnung nicht aufgeben.

Auch Wiktoria war lange in ärztlicher Behandlung. Am ganzen Körper hat sie Schrapnell-Wunden, eine am Bein ist besonders schlimm. Immer wieder habe sie sich entzündet, erzählt Wiktoria, und angesichts des Schicksals ihres Mannes habe sie zeitweise Angst gehabt, dass auch ihr das Bein abgenommen werden muss. Doch die Infektionen lassen sich schließlich in den Griff bekommen. Die Narben am ganzen Körper werden Wiktoria aber bleiben.

Wiktoria und Wladimir sind dankbar für die Hilfe und Unterstützung, die sie in Deutschland bekommen. Trotzdem ist das Weiterleben für sie ein steter Kampf. In Mariupol haben die beiden in nächster Nähe zu ihrer Familie gelebt, nun haben sie nur noch Wladimirs Mutter und Schwester in ihrer Nähe, alle anderen sind über ganz Europa verstreut. Kaum jemand aus ihrer Familie oder von ihren Freunden ist noch in Mariupol.

Das Ehepaar versucht, von Tag zu Tag zu leben und nicht zu viel zu grübeln. Es sei schwer, meint Wiktoria. Immer noch bekommt sie Panik, wenn sie Hubschrauber oder Flugzeuge hört. Und die Trauer über den Verlust ihres Kindes und ihrer Zukunft als kleine Familie begleitet sie jeden Tag.

AN DIE FRONT: DIE SCHRECKEN
DER MOBILMACHUNG

Paul Krisai

Kurz nach acht Uhr Ortszeit setzt unser Flugzeug auf der Landebahn auf. Die Maschine rollt langsam auf das Flughafengebäude von Ulan-Ude zu. Ich schalte den Flugmodus am Handy aus. Im nächsten Moment bekomme ich einen Anruf von einer unbekannten Festnetznummer: »Hallo? Sind Sie Krisai ... Paul?« – »Mit wem habe ich die Ehre?« – »Hier spricht die Flughafenpolizei. Sofort nach Verlassen des Flugzeugs haben Sie sich bei uns zu melden.« In der Ankunftshalle werde ich von einer Frau in Uniform beiseitegenommen. Auf ihrer Krawatte funkelt in Gold der russische Doppeladler, die dunkelblaue Schirmmütze hat sie tief ins Gesicht gezogen. Sie müsse mit mir einen Fragebogen ausfüllen, »wegen der politischen Lage«, erklärt die Polizistin. Was der Zweck meiner Reise sei, fragt sie. »Ausübung meiner journalistischen Tätigkeit«, antworte ich. Inzwischen habe ich gelernt, meine Antworten gegenüber Behörden kurz zu halten. Der Beamtin scheint diese Information zu genügen. Sie nimmt Passdaten, Hoteladresse und Aufenthaltsdauer auf. »Willkommen in Burjatien«, verabschiedet sie sich. Die Botschaft, die bei meinem Kameramann und mir ankommt, ist eine andere: Wir haben euch im Blick.

Sechs Flugstunden hat es gedauert, um die 4500 Kilometer und fünf Zeitzonen zwischen Moskau und Burjatien zu überwinden. Die ostsibirische Region erstreckt sich auf einer Fläche so groß wie Deutschland entlang des Baikalsees. Auf dem gesamten Gebiet lebt gerade einmal eine Million Menschen. Im Süden grenzt Burjatien an die Mongolei, ein paar hundert Kilometer weiter östlich beginnt China. Die Ukraine hingegen ist eine halbe Weltreise entfernt – und doch ist der Krieg hier so nahe wie an kaum einem anderen Ort Russlands. Denn aus Burjatien ziehen besonders viele junge Männer in den Krieg – und besonders viele von ihnen kommen in Särgen zurück. Um zu verstehen, wie sich diese hohen Verluste auf die Stimmung in der Bevölkerung auswirken, sind wir nach Burjatien gekommen.

In Ulan-Ude, der eher schmucklosen Provinzhauptstadt, steigen wir in einem Hotel am Hauptplatz ab. Aus dem Zimmerfenster blicke ich auf einen gigantischen Schädel. Es ist der Kopf von Genosse Lenin, dem Gründervater der Sowjetunion. Bis heute steht in fast jeder russischen Stadt ein Lenin-Denkmal, doch dieses Exemplar ist besonders imposant. Vierzehn Meter hoch ragt der Bronzeschädel samt Granitpodest in den Himmel. Es ist die weltweit größte Lenin-Statue in Kopfform, darauf ist man in Ulan-Ude stolz. Doch es ist etwas anderes, das meinen Blick bannt: Auf dem Sockel des Denkmals prangt ein großes Plakat mit dem Buchstaben V, der Truppenkennung, die vor allem Einheiten aus dem Fernen Osten Russlands benutzen, dahinter ein Panzer in den weiß-blau-roten Landesfarben. Das Wahrzeichen der burjatischen Hauptstadt, einst ein Monument kommunistischer Propaganda, ist zum Kriegssymbol geworden.

In einem gläsernen Hochhaus unweit des Lenin-Schädels treffen wir Karina Pronina. Die Journalistin arbeitet für die Onlinezeitung *Ljudi Baikala* (»Menschen des Baikals«). Die Internetseite ist von den Behörden blockiert worden, weil Pronina und ihr Team seit Kriegsbeginn auf der Seite auflisten, wie viele Männer aus Burjatien in der Ukraine sterben und wer sie sind. Weil die Regionalbehörden dazu keine Angaben machen, tragen die Journalistinnen und Journalisten diese Informationen aus öffentlichen Nachrufen und Todesanzeigen zusammen, kontaktieren die Hinterbliebenen und verifizieren jeden Todesfall. 544 getötete Soldaten aus Burjatien zählt *Ljudi Baikala* allein im ersten Kriegsjahr. Zum Zeitpunkt unseres Besuchs, Anfang September 2022, ist diese Zahl noch halb so hoch. Doch schon damals liegt Burjatien den öffentlich bekannten Verlustzahlen zufolge russlandweit an zweiter Stelle. Mehr getötete Soldaten verzeichnet damals nur die Kaukasusregion Dagestan.

»Alle dachten, sobald die ersten Särge ankommen, werden die Leute darüber nachdenken, wozu diese Spezialoperation gut sein soll«, erzählt Karina Pronina bei einer Tasse Schwarztee. »Auch ich war mir sicher, dass die öffentliche Meinung kippen wird. Dass sich die Menschen fragen werden: Wozu all diese Toten? Aber das ist nicht passiert. Je mehr Särge in die Region kommen, desto stärker wird die patriotische Stimmung.« Praktisch jeder kenne in Burjatien inzwischen jemanden, der in der Ukraine verletzt oder getötet wurde. Wer in der Ukraine »diene«, werde medial als Held dargestellt. Dass laut Medienberichten auch Truppen aus Burjatien an Gräueltaten gegen die ukrainische Zivilbevölkerung beteiligt gewesen sein sollen, das wollen die meisten in Burjatien nicht wahrhaben, sagt Pronina. »Ich denke, das ist zum Teil auch Selbstschutz. Die Menschen können und wollen sich nicht vorstellen, dass ihre in der Ukraine getöteten Familienangehörigen oder Bekannten schlechte Menschen waren. Dass sie dort gemordet, geplündert oder vergewaltigt haben. Es wäre zu schmerzhaft, sich so etwas einzugestehen.«

Dass sich bei den Hinterbliebenen der getöteten Soldaten kein nennenswerter Protest gegen das Regime regt, hat laut der Journalistin auch noch einen anderen Grund: Geld. »Die Entschädigungszahlungen an Hinterbliebene betragen umgerechnet mehr als 30 000 Euro – für Familien in Burjatien ist das ein Vermögen.« Wer die Zahlung annimmt, verpflichtet sich zu Stillschweigen, darf mit niemandem über Todesursache und -ort des Gefallenen sprechen. Schon gar nicht mit ausländischen Medien. Das Schmerzensgeld ist gleichzeitig auch Schweigegeld.

Wer die Hauptlast des Krieges trägt

Die Fänge des Krieges reichen in Burjatien bis in fast jedes Dorf. Im kleinen Ort Stary Onochoi, eine Autostunde östlich von Ulan-Ude, sind schon aus der Ferne frisch ausgehobene Soldatengräber zu sehen. Nach russischem Brauch türmen sich auf ihnen Blumenkränze, Trauerschleifen und militärische Flaggen. Zwei Männer liegen hier bereits. Der jüngere von ihnen wurde nur 22 Jahre alt. Die Hinterbliebenen haben einen Holzrahmen mit seinem Porträtfoto am Grab aufgestellt. Ein schüchtern lächelndes Gesicht mit grüner Soldatenmütze ist darauf zu sehen. Beim Blick auf sein Alter wird klar: In seinem ganzen Leben hat dieser junge Mensch nur einen Mann an der Spitze Russlands erlebt. Unter Putin wurde er geboren, unter Putin ging er in die Schule, unter Putin ließ er in der Ukraine sein Leben.

Vor dem Dorfladen komme ich mit einem Pensionisten ins Gespräch. Er trägt einen Jogginganzug in Tarnfarben, beim Reden blitzen zwei Goldzähne aus seinem Mund hervor.

Strenger Alkoholgeruch schlägt mir entgegen. Für die Jugend gebe es im Dorf nichts zu tun, sagt der Mann. Der einzige verlässliche Arbeitgeber sei die Armee: »Die zahlen wenigstens pünktlich.« Er deutet mit dem Finger in die Ferne. Dort, auf der anderen Talseite, steht die nächste Kaserne. Von dort gehe es für viele »hinüber«, sagt er und zeigt Richtung Westen, in die Ukraine. Ob sie normalerweise auch wieder zurückkehren, frage ich ihn. Sein Blick verdunkelt sich. »Zwei liegen schon am Friedhof«, sagt er mit gedämpfter Stimme. »Ein anderer hat sich gerade freiwillig gemeldet, er will sich für den Tod unserer Jungs rächen.«

Das Motiv der Rache rückt angesichts steigender Truppenverluste immer stärker in den Vordergrund. Das beobachtet auch die Journalistin Karina Pronina, die auf etlichen Soldatenbegräbnissen war: »In fast jeder öffentlichen Trauerrede kommt diese Phrase inzwischen vor – ›wir werden deinen Tod rächen‹. Der subjektiv empfundene Wunsch nach Vergeltung ist, neben der hohen Bezahlung, ein entscheidender Grund, weshalb sich immer mehr Männer freiwillig zum Kriegsdienst melden«, sagt sie mir bei unserem Gespräch. Statt zu Aufrufen zum Frieden, die ohnehin verboten sind, kommt es zu einer Spirale der Gewalt.

Über eine Staubpiste voller Schlaglöcher brettern wir zurück nach Ulan-Ude. Immer wieder blicke ich über die Schulter, um mich zu vergewissern, dass wir nicht verfolgt werden. Gedanken, die auf dieser Reise nicht ganz abwegig sind: Am Vortag bemerken wir bei einem Interview mit einer lokalen Oppositionspolitikerin, dass uns eine Person in auffälliger Nähe folgt. Ob die Beschattung uns gilt oder der stadtbekannten Oppositionellen, ist unklar. Trotzdem ist der Vorfall eine Warnung, unser Umfeld stets im Auge zu behalten. Dabei geht es nicht nur um ungebetene Begleitung durch den Geheimdienst. Häufiger passiert es in Ulan-Ude ausländischen Journalistinnen und Journalisten, dass ihnen ein Kamerateam des Staatsfernsehens auflauert. Das erleben kurz vor unserer Reise gleich mehrere meiner Korrespondentenkollegen. Das Schema ist jeweils ähnlich: Ein Reporter pirscht sich auf der Straße oder im Hotel mit Mikrofon und Kameramann an und stellt die suggestive Frage: »Sie sind also hierhergekommen, um die russischen Streitkräfte zu diskreditieren?« Allein diese Formulierung unterstellt eine Straftat – die Diskreditierung, also Herabwürdigung der Armee ist schließlich unter dem Zensurgesetz strafbar. Was auch immer der ausländische Befragte antwortet, wird aus dem Kontext gerissen und zu einer diffamierenden Reportage zusammengeschnitten. Diese bis zu zehnminütigen Videos werden dann in den Abendnachrichten ausgestrahlt und in zahlreichen Telegram-Kanälen verbreitet. Was in erster Linie der Versuch sein dürfte, die internationale Presse einzuschüchtern, hat in der Praxis auch die Auswirkung, dass die Einheimischen äußerst ungern mit uns sprechen, sobald wir uns als westliches Fernsehteam vorstellen. Als ausländische Reporter stehen wir zunehmend unter Generalverdacht, Übles im Sinn zu haben.

Dieses Misstrauen, mit dem man uns in Burjatien begegnet, steht in starkem Kontrast zu meiner vorangegangenen Reise in die Region: Im Jahr 2018 fuhr ich nach meinem Studienabschluss mit der Transsibirischen Eisenbahn nach Burjatien. In Erinnerung bleiben mir von dieser Urlaubsreise bis heute die überschwängliche Gastfreundschaft der Einheimischen; der zugefrorene Baikalsee, dessen dickes Eis sogar Autos trug; die fleischgefüllten, tennisballgroßen Teigtaschen, genannt Buusy; und die buddhistischen Klöster, deren geschwungene

Golddächer wie Edelsteine in der Landschaft glänzten. Eine unbeschwerte Zeit. Mich faszinierte, wie vielfältig Russland ethnisch und kulturell ist. Die Burjatinnen und Burjaten sind eine von rund 190 anerkannten Volksgruppen der Russischen Föderation. In ihrer eigenen Region stellt die Volksgruppe eine Minderheit dar – nur ein Drittel der Bevölkerung gehört ihr an, der Rest sind slawische Volksgruppen. Die vorwiegende Religion unter den Burjatinnen und Burjaten ist der Buddhismus. Historisch sind sie eng mit der benachbarten Mongolei verflochten, was sich auch in der burjatischen Nationalsprache widerspiegelt, die mit dem Mongolischen verwandt ist.

Die nichtslawischen Volksgruppen, wie eben jene in Burjatien, bezahlen im Krieg gegen die Ukraine einen besonders hohen Blutzoll. Zu den anderen stark betroffenen Regionen zählen im ersten Kriegsjahr (laut dem Telegram-Kanal *Demografie im Sturzflug*) die Kaukasusregion Dagestan, die ostsibirische Republik Tuwa, die autonomen Gebiete der Nenzen im Norden und das fernöstliche Magadan. Die vernachlässigten und oftmals verarmten Randregionen schultern die Hauptlast des Krieges, während die Metropolen relativ verschont bleiben. Die reiche Hauptstadt Moskau, in der neun Prozent der Landesbevölkerung leben, bildet im ersten Jahr des Krieges konsequent das Schlusslicht, was den Prozentsatz gefallener Soldaten angeht. Doch wenige Tage, nachdem wir Anfang September aus Burjatien zurückkehren, ändert sich die Lage – auch die Hauptstadtbewohner sind plötzlich nicht mehr sicher vor der Einberufung zum Kriegsdienst.

Mobilmachung:
Die Jagd auf die männliche Bevölkerung

Es ist der Morgen des 21. September 2022, als für viele Russinnen und Russen der Krieg erst wirklich beginnt. Präsident Putins Rede wird wieder auf allen Fernsehkanälen gleichzeitig übertragen, wieder sitzt er an jenem Schreibtisch, an dem er ein halbes Jahr zuvor den Beginn seiner »Spezialoperation« verkündet hat. Wieder beginnt er mit einer Hasstirade gegen den Westen: »Ziel dieses Westens ist es, unser Land zu schwächen, zu entzweien und letzten Endes zu vernichten.« Um die Ukraine geht es nur noch am Rande. Die eigentliche Konfrontation sieht Putin zwischen Russland auf der einen und dem Westen inklusive der NATO auf der anderen Seite: »[Sie] haben die Offensivwaffen der NATO bis dicht vor unsere Grenzen verlagert. Sie haben die totale Russophobie zu ihrer Waffe gemacht, jahrzehntelang haben sie gezielt Hass gegen Russland geschürt, vor allem in der Ukraine, der sie das Los eines antirussischen Aufmarschgebiets zugedacht haben.« Es ist dieselbe Täter-Opfer-Umkehr, der sich Putin stets bedient, um seine Aggression zu rechtfertigen – der Westen, nicht Russland, habe 2014 in der Ukraine einen Krieg begonnen, fährt er fort. Auch wenn diese Behauptung jeglicher faktischen Grundlage entbehrt. Ich lausche diesen Worten mit zwei Paar Kopfhörern gleichzeitig, während einer Liveschaltung mit dem Ö1-*Morgenjournal*: Auf dem einen Ohr höre ich Putins Rede, auf dem anderen den Moderator der Radionachrichten. Da die Sendung gleichzeitig mit der TV-Ansprache begonnen hat, kann ich zu diesem Zeitpunkt nur den ersten Teil von Putins Botschaft zusammenfassen. Wie so oft hebt er sich das Wichtigste für den Schlussteil seiner Rede auf. Erst als unsere fünfminütige Liveschaltung vorbei ist, höre ich Putin sagen: »Heute operieren unsere Streitkräfte an einer mehr als tausend Kilometer langen Kontaktlinie. Sie stehen dort nicht nur neonazistischen Formationen gegenüber, sondern faktisch der gesamten Militärmaschine des kollektiven Westens.« Daher halte er es für notwendig, »den Vorschlag des Verteidigungsministeriums zu unterstützen und eine Teilmobilmachung in der Russischen Föderation durchzuführen«. Ein Paukenschlag. In den vorangegangenen Wochen hatten sich, angesichts blamabler Rückschläge für die russische Armee in Cherson und anderen Gebieten, die Gerüchte über eine bevorstehende Generalmobilmachung verdichtet. Doch dass Putin tatsächlich Menschen aus ihren zivilen Berufen herausreißen und an die Front schicken würde, hielten bis zum Schluss viele für unwahrscheinlich – zumal die Idee einer Mobilmachung in der Bevölkerung laut Umfragen als unbeliebt galt. Mein Handy hört vor lauter Eilmeldungen nicht auf zu vibrieren. Ich wähle mich auf Bitte der Regie noch einmal in die laufende Radiosendung ein und überbringe in aller Kürze die Breaking News. »Das bedeutet einen Einschnitt im Leben vieler Menschen in Russland«, lautet meine Stegreifanalyse. Im Nachhinein wirkt dieser Satz wie eine Untertreibung. Denn was in den folgenden Stunden passiert, stellt das Leben in Russland auf den Kopf. Vorbei ist die Mär von der »Spezialoperation«, die ausschließlich von Berufssoldaten ausgeführt wird. Vergessen sind Putins wiederholte Versprechen, dass keine Einberufung von Reservisten geplant sei. Jetzt kommt der Krieg in jeder Familie an.

300 000 Reservisten sollen eingezogen werden, verkündet einige Minuten später Verteidigungsminister Sergei Schoigu. In seiner ordenbehangenen Uniform gibt er ein Interview, das offenbar dazu bestimmt ist, Sorgen in der Bevölkerung zu zer-

streuen. Betroffen von der Mobilmachung seien nur Männer mit militärischer Ausbildung und Kampferfahrung. Studenten seien ausgenommen, Grundwehrdiener schicke man ebenfalls nicht in die »Spezialoperationszone«. Eingezogen würden nur etwas mehr als ein Prozent der 25 Millionen verfügbaren Reservisten, beteuert der Verteidigungsminister: »Wir gehen hier nicht mit einem Mähdrescher ans Werk, mit dem wir die Leute einsammeln.« Nicht alle wollen diese Beruhigungspille schlucken.

Noch am selben Abend kommt es russlandweit zu Protesten in mehr als vierzig Städten. Es sind die größten Demonstrationen seit Kriegsbeginn. »Wir sind kein Fleisch«, lautet einer der Sprechchöre, die durch die Moskauer Innenstadt hallen. Die Demonstrierenden sind überzeugt: Sie sind nur Kanonenfutter, sollen verheizt werden für einen Krieg, an dem selbst ihre Berufsarmee scheitert. Eine neue Wortschöpfung macht in den sozialen Netzwerken die Runde: Aus dem Slogan »njet mobilisazii« (»Nein zur Mobilisierung«) wird »njet mogilisazii«, frei übersetzt »Nein zur Begrabisierung«. Witz und Schärfe gehören zu den wenigen Mitteln, die die Unzufriedenen dem Regime noch entgegensetzen können. Veränderungen können sie damit nicht bewirken. Die Polizei reagiert mit Massenfestnahmen, setzt demonstrativ Schlagstöcke und zum Teil auch Elektroschocker ein. Mehr als 2400 Menschen werden bei den Kundgebungen nach Zählungen der Bürgerrechtsorganisation OWD-Info innerhalb von drei Tagen festgenommen. Auf dem Polizeirevier ereilt viele männliche Verhaftete eine böse Überraschung: Sie bekommen umgehend einen Einberufungsbefehl an die Front ausgestellt. Mindestens zweihundert solche Fälle gibt es laut Medienberichten in Moskau. Diese Praktik widerspreche nicht den geltenden Gesetzen,

kommentiert der Kreml. Ein neunzehnjähriger Moskauer erzählt uns nach seiner Freilassung im Interview, er sei gemeinsam mit seinen Mitinsassen gezwungen worden, eine Vorladung ins Militärkommissariat zu unterschreiben. Dass er als
Student von der Mobilmachung ausgenommen sei, habe die
Beamten nicht interessiert: »Sie können einen direkt nach der
Festnahme mit Gewalt in die Ukraine schicken. Das ist beängstigend.« Es ist eine wirksame Einschüchterungstaktik: Wer gegen die Zwangseinberufung ist, kann erst recht an die Front
beordert werden – und damit in den möglichen Tod.

Die Mobilmachung nimmt schnell Fahrt auf. Schon einen
Tag nach Putins Erlass rücken die ersten Männer ein. Aus allen
Ecken des Landes erreichen uns Videos von vollbesetzten Au-
tobussen, unter Tränen verabschieden sich die Angehörigen
von ihren Söhnen, Brüdern, Ehemännern. Für alle ist es eine
Fahrt ins Ungewisse. Während wir in Moskau von frühmor-
gens bis spätabends in der Liveberichterstattung rotieren, häufen sich in meinem Instagram-Feed Abschiedspostings von
Freundinnen und Freunden, die Russland endgültig verlassen.
Jetzt gehen auch die »Apolitischen« – jene, die den Krieg bisher
im Alltag verdrängt und sich öffentlich nicht dazu geäußert
haben, ob aus Angst oder aus Gleichgültigkeit. Es kommt, ähnlich wie zu Kriegsbeginn, zu einer massiven Ausreisewelle,
vor allem nach Georgien, Kasachstan und in die Türkei.

Wie real das Risiko ist, selbst als Nichtreservist zwangs-
einberufen zu werden, bekommen bald drei meiner Moskauer Freunde am eigenen Leib zu spüren. Obwohl sie wegen Un-
tauglichkeit vom Grundwehrdienst befreit wurden und daher
nicht zur Reserve zählen, erhalten alle drei am selben Tag einen Einberufungsbefehl per Post. Zwar unterschreibt keiner
von ihnen den DIN-A5-Zettel, womit die Vorladung theore-

tisch keine Rechtskraft hat (die postalisch zugestellte Einberufung ist erst verbindlich, wenn ihr Erhalt per Unterschrift bestätigt wird – diese Gesetzeslücke wird später geschlossen). Aber das Gefühl der Unsicherheit bleibt. »Ich gehe überhaupt nicht mehr aus dem Haus, mache niemandem die Tür auf und hebe nicht ab, wenn eine unbekannte Nummer anruft«, schreibt mir einer der Freunde, der die Einberufung bekommen hat. Wenig später reist er vorübergehend in ein südasiatisches Land aus.

Im Netz kursieren unterdessen Videos, in denen Polizisten scheinbar wahllos junge Männer in U-Bahn-Stationen abfangen und ihnen Einberufungsbefehle aushändigen. In den Wohnbezirken klopfen Beamte des Militärkommissariats an Wohnungstüren. Eine regelrechte Jagd auf die männliche Bevölkerung ist im Gange. Per Post werden Einberufungsbefehle massenhaft an Adressaten verschickt, die gar nicht der Mobilmachung unterliegen: Studenten, chronisch Kranke, Pensionisten über sechzig Jahre und mitunter sogar Verstorbene. Die Behörden haben offenbar keine aktuellen Daten aller verfügbaren Reservisten. Tatsächlich erinnert die Vorgehensweise eher an den von Verteidigungsminister Schoigu erwähnten Mähdrescher, der Menschen einsammelt.

Und das ist nicht der einzige Missstand, den die Mobilmachung zutage fördert. Landauf, landab häufen sich die Berichte über mangelhafte Ausrüstung der Einberufenen: rostige Gewehre, fehlende Schutzwesten, Erste-Hilfe-Sets mit überschrittenem Ablaufdatum. In einem Video, das sich im Internet viral verbreitet, erklärt eine Militärangehörige in der Region Altai einer Gruppe Soldaten, sie hätten Schlafsäcke, Schlafmatten, Durchfalltabletten und Verbandszeug selbst zu kaufen. Die Armee stelle nur Uniform, Waffe und Munition zur Verfügung. Als ein Soldat erwidert, es gebe in der Apotheke kein Verbandszeug mehr zu kaufen, sagt sie: »Nehmt es aus der Autoapotheke.« Und noch einen Ratschlag hat sie. »Bittet eure Frauen, Freundinnen und Mütter um Tampons.« Damit könne man im Fall einer Schusswunde die Blutung stoppen. Es ist ein verheerendes Bild, das die angeblich zweitstärkste Armee vor den Augen der Weltöffentlichkeit abgibt. Und Putin schaut tagelang zu. Erst in der zweiten Woche der Mobilmachung räumt er öffentlich Fehler ein und befiehlt den Militärbehörden, bei der Ausrüstung der Soldaten nachzubessern.

Interessant ist auch, wer nicht einberufen wird. Sämtliche Angehörigen des Machtapparats sind, wenig überraschend, vom Kriegsdienst befreit: Duma-Abgeordnete, Mitglieder des Föderationsrats, aber auch Beschäftigte der Rüstungsindustrie, der staatlichen Banken und der Staatsmedien können nicht einberufen werden. Auch die Kinder von Regimevertretern müssen sich in der Regel keine Sorgen machen. Ein Beispiel ist Nikolai Peskow, der Sohn des Kreml-Sprechers Dmitri Peskow. Er fällt in einem YouTube-Video des oppositionellen Nawalny-Teams auf einen Telefonstreich herein. Der Moderator gibt sich als Militärkommissar aus und lädt Nikolai Peskow zur Musterung vor. »Wenn Sie wissen, dass ich Herr Peskow bin, werden Sie verstehen, dass meine Anwesenheit dort [an der Front] nicht sehr richtig wäre«, antwortet der 32-Jährige und schiebt eine unterschwellige Drohung nach: »Ich werde diese Frage auf anderer Ebene lösen.«[8] Das Video wird im Netz über vier Millionen Mal gesehen, was Vater Dmitri Peskow dazu zwingt, die Aussagen seines Sohnes öffentlich zurechtzurücken. Er zweifle nicht daran, dass sein Sohn im Fall des Falles die einzig richtige Entscheidung treffen würde, sagt der Kreml-Sprecher in seiner täglichen Telefonkonferenz mit Journalistinnen und Journalisten. Wie zum Beweis verbreiten die Staatsmedien sieben Monate später, im April 2023, ein Interview mit einem in Tarnfleck gekleideten Nikolai Peskow, in dem er behauptet, als Artillerist für die private Söldnertruppe Wagner in der Ukraine im Einsatz gewesen zu sein. Unabhängig überprüfen lässt sich diese Darstellung nicht. Peskows angeblicher Kampfeinsatz, so er jemals stattgefunden hat, bleibt jedenfalls eine Ausnahme. In ihrer überwältigenden Mehrheit müssen die Angehörigen der russischen Elite nicht im Namen von Putins Großmachtfantasien im Schützengraben dienen – oder gar sterben. Normalbürger hingegen haben kaum eine Wahl. Sobald sie einberufen worden sind, sich wie vorgeschrieben beim Militärkommissariat gemeldet und die Medizinkommission durchlaufen haben, drohen ihnen für Kriegsdienstverweigerung bis zu zehn Jahre Haft. Armee oder Gefängnis, das sind im Wesentlichen die Optionen für die, die nicht ausreisen können oder wollen.

Die Wagner-Söldner

Auch in Gefängnissen wird für die Front rekrutiert. Bereits kurz vor der Teilmobilmachung geht im Netz ein Video viral, das einen glatzköpfigen, sportlich gebauten Mann im Innenhof einer Strafkolonie in der nördlichen Wolgaregion Mari El zeigt. »Wer sechs Monate bei uns dient, ist frei«, verspricht der Mann, der sich als Vertreter der Söldnertruppe Wagner ausgibt. »Wer allerdings in der Ukraine ankommt und es sich am ersten Tag anders überlegt, wird erschossen.« Der Mann ist Jewgeni Prigoschin, Chef der Söldnertruppe Wagner und selbst Ex-Häftling. Zu Sowjetzeiten sitzt er wegen Raubüberfalls neun Jahre im Gefängnis. In den 1990er-Jahren steigt er vom Hotdog-Verkäufer zum Restaurantkettenbesitzer in Sankt Petersburg auf. Dort lernt er auch Wladimir Putin kennen, den Präsidenten bewirtet er dann mehrmals persönlich. Eine höchst lukrative Bekanntschaft: Prigoschins Gastronomieunternehmen Concord wird mit staatlichen Großaufträgen bedacht, versorgt Kindergärten, Schulen und später gar die russische Armee mit Mahlzeiten. Im Kreml richtet Prigoschin regelmäßig Bankette aus, was ihm in der Presse den Beinamen »Putins Koch« einbringt (auch wenn Prigoschin nach eigenen Angaben gar nicht kochen kann). Im Jahr 2014 gründet der in der Öffentlichkeit weitgehend unbekannte Oligarch die Gruppe Wagner, eine paramilitärisch organisierte Privatarmee (benannt nach dem von Adolf Hitler verehrten Komponisten Richard Wagner – eine wenig subtile Anspielung auf die neonazistische Gesinnung von Mitgründer Dmitri Utkin). Von Beginn an kommen die Wagner-Söldner verdeckt in der Ostukraine zum Einsatz, später in Syrien, Libyen, Mali, der Zentralafrikanischen Republik und anderen Ländern. Finanziert wird die Söldnertruppe durch den russischen Staat, was Putin jahrelang leugnet und erst im Sommer 2023 offiziell bestätigt. Markenzeichen Jewgeni Prigoschins und seiner Söldnertruppe ist ihre enorme Brutalität, sowohl in der Ukraine, wo den Kämpfern Kriegsverbrechen angelastet werden, als auch gegenüber Abtrünnigen aus den eigenen Reihen: Deserteure lässt Prigoschin per Vorschlaghammer hinrichten.

In der Ukraine nehmen die Wagner-Söldner unter anderem ab Oktober 2022 an den verlustreichen Kämpfen um die Stadt Bachmut teil. Dabei werden vor allem verurteilte Schwerverbrecher als sogenanntes Kanonenfutter eingesetzt – nach Schätzungen der US-Präsidialverwaltung sind 50 Prozent der getöteten Wagner-Söldner Häftlinge, das britische Institute for the Study of War (ISW) geht gar von 90 Prozent Häftlingen unter den Todesopfern aus. Die immensen Verluste erklärt Prigoschin nicht etwa mit fehlender Kampferfahrung, sondern mit einem Mangel an Munition, die das Verteidigungsministerium bewusst zurückhalte, so sein Vorwurf. Es ist der Beginn eines offenen Machtkampfs mit der Militärführung, der im Juni 2023 in einer ungeahnten Eskalation gipfeln wird. Doch vorerst fühlt sich der 62-Jährige in seiner Rolle als gefragter Warlord, der für Putin die blutige Arbeit erledigt, sichtlich wohl. Und er weiß, dass das Regime auf seine Dienste angewiesen ist: »Wer nicht will, dass private Militärfirmen und Häftlinge kämpfen, soll die eigenen Kinder an die Front schicken«, erklärt der Wagner-Chef im September 2022 im sozialen Netzwerk Vkontakte. »Entscheidet selbst.«

Die Pflichterfüller

Die Mobilmachung zeigt, dass die Bereitschaft, für Putins Regime in den Tod zu gehen, bei vielen Russen enden wollend ist. Das belegen die Proteste in den Großstädten, die Ausreisestaus an den Grenzen und auch die Anleitungen, die im Netz die Runde machen, wie man juristisch gegen die Zwangseinberufung vorgeht (Spoiler: Die Erfolgschancen sind gering), oder wie man sich möglichst schmerzfrei den Arm bricht, um als untauglich eingestuft zu werden (ebenfalls nicht empfehlenswert – denn falls eine absichtliche Selbstverletzung nachgewiesen werden kann, bekommt man erst recht ein Strafverfahren wegen Kriegsdienstverweigerung). Gleichzeitig wird während der Mobilmachung offensichtlich, wie gespalten die

russische Gesellschaft ist – zwischen Kriegsgegnern, Kriegs-
befürwortern und einer Masse von Gleichgültigen, die relativ widerstandslos bereit ist, zu tun, was die Staatsmacht befiehlt. Zwei Beispiele aus meinem Bekanntenkreis illustrieren
diese letzte Gruppe recht treffend.

Zwei Tage nach Beginn der Mobilmachung schickt mir unser Taxifahrer aus Ulan-Ude, mit dem wir während unserer
Burjatien-Reise mehrere Tage lang unterwegs waren, ein Foto:
Ein Teller Suppe ist darauf zu sehen, eine Schüssel Karottensa-
lat und eine Portion Buusy, die fleischgefüllten burjatischen
Teigtaschen. Kein Wort der Erklärung dazu. Einen Augenblick
lang vermute ich ihn schon in einer Kaserne und deute das Foto
als stummen Schrei nach Hilfe, aber dafür sieht das Essen zu
gut aus – diese Mahlzeit ähnelt eher einem üppigen Mittages-
sen im Restaurant als einer Soldatenration. Ich wünsche ihm,
etwas verdutzt, einen guten Appetit, und frage vorsichtig, ob
alles in Ordnung sei und wie es ihm und seinen Freunden und
Verwandten gehe. »Alles gut bei allen«, bekomme ich zurück.
Als ob nichts passiert wäre. Ich greife zum Hörer und rufe ihn
an. Ich mache mir Sorgen um ihn. Ich kenne die Berichte von
Mobilmachungs-Razzien, bei denen hunderte Männer aus
burjatischen Dörfern geholt und in Militärbusse gesteckt werden. In einem großen Telekommunikationsunternehmen in
Ulan-Ude soll sogar eine ganze Abteilung von vierzig bis fünfzig Mann an die Front abkommandiert worden sein. Mein Bekannter, der Taxifahrer, wäre als Mann um die dreißig mit ab-
solviertem Grundwehrdienst ebenfalls für den Kriegsdienst
prädestiniert. »Einige meiner Bekannten haben sie schon abgeholt«, sagt er mir am Telefon. Wir sprechen per Messenger-
App über eine verschlüsselte Leitung. »Ich habe bisher noch
keine Einberufung bekommen.« – »Bisher? Und was machst

du, wenn du sie bekommst?«, bohre ich nach. Ich verstehe seine Gelassenheit nicht. Keine drei Wochen zuvor hat er mir hinter dem Steuer seines Taxis erzählt, dass er gerade Vater geworden ist. Dass seine Familie sein größtes Glück ist. Dass er sich wünscht, dass der Krieg bald vorbei ist. Was, wenn sie ihn jetzt an die Front schicken? Seine Antwort lässt keine Zweifel offen: »Wenn sie mir sagen, dass ich muss, dann muss ich eben.« Ich verabschiede mich mit den üblichen Wünschen – Glück, Erfolg, Gesundheit – und lege kopfschüttelnd auf. Tagelang gehen mir diese Worte nicht aus dem Kopf. Dieser burjatische Taxifahrer, so mein Eindruck nach stundenlangen Autofahrten mit ihm, ist kein überzeugter Ideologe. Er ist, so wie viele seiner Landsleute, politikverdrossen und will mit dem Staat am liebsten nichts zu tun haben. Und trotzdem ist er bereit, auf Kommando der Obrigkeit in einen tausende Kilometer weit entfernten Krieg einzurücken, aus dem er vielleicht nicht lebend zurückkehrt.

Ein anderer Bekannter, ein blitzgescheiter Mensch, weltgewandt, beruflich erfolgreich, hat mich ähnlich verblüfft. Ich treffe ihn bereits im März 2022 in einem Café in der Moskauer Innenstadt. Als wir auf das offensichtliche Hauptthema, den soeben begonnenen Feldzug, zu sprechen kommen, erläutert er mir, dass ich diesen Konflikt nicht verstehe. Auf meine Bitte, es mir doch zu erklären, erhellt er mich mit einem Vergleich: »Stell dir vor, du bist plötzlich für einen wahnsinnig komplexen technischen Vorgang zuständig. Sagen wir, du bist Chef eines Atomkraftwerks. Und du allein musst jetzt das Atomkraftwerk steuern, obwohl du überhaupt nicht weißt, wie es funktioniert. Weil du als einfacher Bürger ohne spezielle Ausbildung diese Vorgänge nicht verstehen kannst.« Ich mustere ihn skeptisch. Was dieses Gedankenexperiment mit dem Krieg zu tun habe, frage ich. Mit den »Ereignissen in der Ukraine«, wie er den Krieg umschreibt, verhalte es sich ähnlich: »Wir sind keine Spezialisten auf diesem Gebiet und können daher nicht die ganze Wahrheit verstehen, die hinter diesen Vorgängen liegt.« Sosehr ich meinen Bekannten einst für seine scharfsinnigen Diskussionsbeiträge schätzte, so befremdet bin ich von dem, was er jetzt von sich gibt. Er flüchtet sich in Ausreden und Allgemeinplätze: Der Westen habe Russland betrogen; es gebe sowieso keinen »gerechten Krieg«; er selbst habe seinen Auftrag verstanden und müsse jetzt seinem Vaterland dienen. Es ist, als ob in diesem Menschen ein Schalter umgelegt worden wäre.

Das zeigt sich auch ein halbes Jahr später. Die Mobilmachung ist in vollem Gange, als ich meinem Bekannten eine Nachricht schreibe. Wie es ihm gehe, frage ich. Vielleicht auch in der naiven Erwartung, dass die Einberufungswelle für ihn ein Weckruf war, der ihn zu einem Umdenken gebracht hat. Die Interessen Russlands vom Schreibtisch in einem Büro aus zu verteidigen ist schließlich doch etwas anderes, als für ebendiese Interessen zur Waffe zu greifen und Ukrainer zu erschießen. »Bei mir ist alles gut«, lautet die knappe Antwort. Ich hake nach. Ob ihn die Mobilmachung auch treffen könne und was er überhaupt zur Gesamtsituation denke, frage ich. »Gar nichts denke ich mir.« Mehr erfahre ich nicht von ihm.

Das Jahr 2022 ist in Russland ein Jahr der Entscheidungen. Jeder hat eine moralische Wahl zu treffen: gehen oder bleiben, protestieren oder schweigen, mitmachen oder verweigern. Das Regime definiert von Anfang an die Spielregeln, stellt den Fronteinsatz als patriotische Pflicht dar, Verweigern als Verrat. Ein großer Teil der Bevölkerung lässt sich, wenn das »Vaterland« ruft, für Putins Kampf gegen die Ukraine einspannen.

Der Widerstand der Soldatenmütter

Auch wenn die Straßenproteste gegen die Mobilmachung nur von kurzer Dauer sind, gibt es eine Gruppe, die die Durchführung der Zwangseinberufung öffentlich kritisiert: die Mütter der Soldaten. Seit Beginn des Einmarsches in die Ukraine sind in Russland unzählige Vereine von Soldatenmüttern entstanden. Die meisten organisieren sich über die Nachrichten-App Telegram. Viele dieser Initiativen sammeln Sachspenden in Form von Schutzwesten, Stiefeln oder Helmen und machen sich damit zu klaren Unterstützern der Armee. Andere wiederum beschränken sich auf Rechtshilfe für Wehrpflichtige, die juristisch gegen ihre Einberufung vorgehen wollen. Sie balancieren auf einem schmalen Grat zwischen Hilfestellung für Kriegsdienstverweigerer und Zusammenarbeit mit den Militärbehörden, ohne die sich in den verkrusteten Armeestrukturen kein einziges Problem lösen lässt.

Eine solche Organisation ist das Russische Komitee der Soldatenmütter. In einem spärlich eingerichteten Büro in einem Altbau unweit des Kremls treffen wir die Gründerin und Vorsitzende Walentina Melnikowa. Die 76-Jährige mit schneeweißer Kurzhaarfrisur ist die Grande Dame der Soldatenmütter-Bewegung, sie hat in mehr als drei Jahrzehnten an der Spitze der Organisation etliche Kriege miterlebt. Als ich sie zu Beginn frage, wie es ihr gehe, atmet Melnikowa erschöpft aus: »Wir hatten noch nie so einen schweren Krieg. Noch nie. Auch der erste Tschetschenienkrieg in den 1990er-Jahren war schlimm, aber es war anders – es wurden weniger Menschen hineingezogen, es gab weniger Kriegsgefangene und weniger Tote.« Konkrete Zahlen will und kann Melnikowa nicht nennen. Die Frau, die sich einst in der Opposition gegen Putin engagierte, ist seit der Einführung der Militärzensur vorsichtig geworden. Vor dem Interview bittet sie um die Fragen in schriftlicher Form und streicht die Hälfte davon. Sprechen will sie nur über ihre konkrete Arbeit: »Wir können uns, anders als früher, nicht mehr politisch äußern. Wir stehen noch dazu unter dem Druck, dass uns die Behörden jederzeit als ausländische Agenten einstufen können. Diese Brandmarkung würde unsere Vermittlungsarbeit zwischen Bevölkerung und Streitkräften unmöglich machen.« Klarere Worte zur politischen Haltung des Komitees finden sich in den Vereinsstatuten: Das Komitee lehne Kampfhandlungen jeder Art ab, und es leiste keine humanitäre Hilfe für die Streitkräfte, etwa durch die Bereitstellung von Ausrüstung oder Verpflegung. Prinzipientreu statt patriotisch – so will Melnikowa ihre Organisation verstanden wissen.

Der russische Präsident trifft sich unterdessen lieber mit handverlesenen, kremltreuen Soldatenmüttern. Bei einem im Staatsfernsehen übertragenen Runden Tisch erklärt Putin im November 2022 einer trauernden Mutter, dass der Tod ihres Sohnes ein heroischer Akt sei: »Manche leben so dahin und gehen dann am Wodka zugrunde. Bei denen weiß man nicht, ob sie überhaupt gelebt haben oder nicht. Aber Ihr Sohn hat gelebt. Sein Ziel ist erreicht. Er ist nicht umsonst gestorben.« Das inszenierte Treffen vor den Fernsehkameras sieht sich Walentina Melnikowa nicht einmal an. Sie hat andere Sorgen: eine mögliche nächste Mobilmachung, die spärliche Finanzierung ihrer Organisation, die Passivität in der Bevölkerung. Melnikowa erzählt von Protestmärschen, die sie während des Tschetschenienkrieges organisiert hat. Es sei ein anderes Russland gewesen. Heute sieht sie keine Chance für eine Widerstandsbewegung von unten. Sie verstehe nicht, wie schicksalsergeben viele Mütter zuschauten, wie ihre Söhne in die Ukraine abkommandiert werden. »Das ist ein Fatalismus, den ich mir nicht erwartet habe; vielen scheint es gleichgültig zu sein, was mit ihren Kindern passiert. Das überrascht mich sehr.«

Es ist ein bitteres Zeugnis, das Walentina Melnikowa der russischen Gesellschaft ausstellt. Und eines, das wenig Hoffnung macht auf ein friedlicheres Russland in der Zukunft.

Die geknebelte Gesellschaft

Die Teilmobilmachung wird Ende Oktober 2022 von Putin nach rund fünf Wochen offiziell für beendet erklärt. 300 000 Reservisten seien, wie angeordnet, eingezogen worden, berichtet ihm sein Verteidigungsminister. Zu diesem Zeitpunkt kehren bereits die ersten Einberufenen in Särgen nach Russland zurück. Und es hängt weiterhin ein Damoklesschwert über der wehrfähigen Bevölkerung (die übrigens auch Frauen umfasst, etwa Ärztinnen, die zum Sanitätsdienst verpflichtet werden können). Denn ein »ukas«, also Erlass, zur Beendigung der Mobilmachung wird nie veröffentlicht, wie Rechtsexperten kritisieren. Aus juristischer Sicht kann Putin also jederzeit mehr Männer und Frauen einberufen lassen, um die Truppen aufzustocken. In der Zwischenzeit erlässt das Parlament Gesetzesänderungen, um bei einer nächsten Mobilmachung ein Chaos wie im Herbst 2022 zu vermeiden. Die Änderungen verbieten Einberufenen etwa die Ausreise und ermöglichen das elektronische Versenden und Erfassen der Einberufungsbefehle. Damit werden einige der letzten Schlupflöcher für Kriegsdienstverweigerer gestopft.

Die Bedeutung dieser ersten Mobilmachung – es ist auch die erste auf russischem Boden seit Ende des Zweiten Weltkriegs – reicht aber noch weiter. Putin habe damit den bisher geltenden Gesellschaftsvertrag aufgekündigt, schreibt der Philosophieprofessor Arseni Kumankow von der Moskauer Higher School of Economics in einem Gastbeitrag in der Exil-Internetzeitung *Meduza*: Früher habe der Staat Stabilität und relative Freiheit im Privatleben versprochen, im Gegenzug mischten sich die Bürgerinnen und Bürger nicht in die Politik ein. Nun zwinge Putin der Bevölkerung einen neuen Vertrag auf: »Heute ernennt sich der Staat zum Beschützer der Gesellschaft vor äußeren Bedrohungen. Im Gegenzug verpflichten sich die Bürger, an Kampfhandlungen auf dem Gebiet eines anderen Landes teilzunehmen.« Und wer sich weigere, der bekomme die Kraft des Repressionsapparats zu spüren.[9] Aus dem Gesellschaftsvertrag wird ein Knebelvertrag.

RUSSLANDS KRIEG
GEGEN DIE MODERNE:
GEFANGEN IM PATRIARCHAT

Miriam Beller

Glaubt man der russischen Propaganda und der Führung in Moskau, dann ist eines der Ziele des russischen Einmarsches in die Ukraine der Kampf gegen den »moralisch korrumpierten Westen«. Russische Politiker und Politikerinnen präsentieren sich als heldenhafte Kämpfer für »traditionelle Werte« und wettern gegen die LGBT-Community und gegen Feministinnen. Die Rhetorik ist hasserfüllt und klingt teilweise so lächerlich und absurd, dass es in der täglichen Berichterstattung manchmal schwerfällt, die Aussagen einem europäischen Publikum verständlich zu machen. So berichtet ein russischer Kriegsreporter, der für den TV-Sender *Perwy Kanal* arbeitet, am 25. April 2022 aus der besetzten Region Donezk seinem Kollegen im Studio in Moskau von einer Entdeckung russischer Truppen in Mariupol: Die Soldaten hätten ein »Hauptquartier für Schwule und Lesben« entdeckt, das von US-Präsident Joe Biden persönlich und vom US-Kongress kontrolliert sei. Als vermeintlichen Beweis für diese Behauptung genügt ihm, dass das Logo der Hilfsorganisation USAID auf einer Broschüre zu sehen ist. Die Regie blendet Bilder von Informationsmaterial über LGBT-Personen ein, das offenbar in dem zerstörten Gebäude gefunden wurde. Entrüstet berichtet der Reporter von einem Lernspiel, in dem Begriffe wie Asexualität oder Transgender mit Zeichnungen erläutert werden, und deu-

tet das als Beweis, dass damit Kinder in der Ukraine negativ beeinflusst werden sollen. Einen Atemzug später berichtet der
Kriegskorrespondent über – wie er es nennt – weitere »Abnor-
malitäten«, und dass russische Soldaten angeblich an einem anderen Ort satanistische und okkulte Symbole und Objekte gefunden hätten, zurückgelassen von ukrainischen Soldaten, die
er als »Nazibataillone« bezeichnet. Fasst man diese bizarren
fünf Minuten Sendungszeit zusammen, so dürfte die ungefäh-
re Aussage die folgende sein: Schwule, Lesben, die USA, Nazis
und der Teufel selbst bedrohen Russland. In den sozialen Medien sorgt diese obskure Episode aus dem russischen Fernsehen
einige Tage für zynische Bemerkungen und schwarzen Humor.
Doch so absurd er wirken mag, der Beitrag fügt sich nahtlos in
eine lange Liste hasserfüllter Berichte russischer Staatsmedien
und Äußerungen russischer Politiker und Politikerinnen ein.

Satanismus, ein korrumpierter Westen und Gehirnwäsche

Denn wie das Staatsfernsehen bezeichnet auch die russische
Führung »nichttraditionelle Lebensweisen« und »nichttraditionelle sexuelle Beziehungen«, wie sie genannt werden, als
existenzielle Bedrohung. Der Kampf gegen die Rechte von
LGBT-Personen und gegen Feminismus wird als Kampf zur
Verteidigung Russlands dargestellt. Leonid Sluzki, Chef der
Liberal-Demokratischen Partei Russlands (LDPR), die weder
liberal noch demokratisch, sondern rechtsnational ist, argumentiert die Notwendigkeit von Einschränkungen der LGBT-
Rechte in einer Sitzung der Staatsduma am 23. November 2022
so: »Der Westen versucht, unsere Jugend einer Gehirnwäsche

zu unterziehen, um sie in sein Wertesystem zu locken. Wir werden uns entschlossen gegen alles stellen, das mit der Verbreitung von Werten zu tun hat, die unserer Zivilisation absolut fremd sind.« Der LDPR-Chef und selbsternannte Retter russischer Werte fällt regelmäßig mit LGBT-feindlichen, rassistischen und sexistischen Bemerkungen auf. Mehrere russische Journalistinnen haben Sluzki in der Vergangenheit vorgeworfen, sie sexuell belästigt zu haben. Anschuldigungen, die der hochrangige Politiker nicht nur zurückweist, sondern auch als ausländische Verschwörung abtut.

Am 27. Oktober 2022 spricht Alexander Chinstein, Abgeordneter von Putins Partei Einiges Russland und treibende Kraft hinter der gesetzlichen Verfolgung von queeren Menschen, in der Staatsduma davon, dass die »Spezialoperation« in der Ukraine »nicht nur auf dem Schlachtfeld, sondern auch in den Köpfen und Seelen der Menschen« stattfinde. Er empört sich darüber, dass »LGBT-Charaktere« in Zeichentrickfilmen, in der Werbung und Literatur erscheinen würden. All das sei Teil des Krieges gegen Russland, wettert Chinstein. »Russland ist einer der letzten, wenn nicht sogar der letzte Vorposten für den Schutz traditioneller Werte. Deshalb müssen wir all diesen – entschuldigen Sie, liebe Kollegen – Abscheulichkeiten ein Ende setzen und ihnen einen Riegel vorschieben.«

Nicht nur der Duma-Abgeordnete Chinstein sieht in alternativen Lebens- und Liebesmodellen die Wurzel allen Übels. Auch der russische Präsident baut in seine Reden immer wieder Angriffe gegen den »dekadenten Westen« ein, den er gerne in Verbindung mit dem Schlagwort »Satanismus« bringt, wie beispielsweise in seiner Rede im Georgssaal des Kremls anlässlich der illegalen Annexion von vier besetzten ukrainischen Gebieten an Russland am 30. September 2022. In dieser Rede beschuldigt der russische Präsident den Westen, sich in Richtung eines »offenen Satanismus« zu bewegen. Als Beispiel nennt er die Förderung der Rechte von Homosexuellen und Transgender-Personen in Europa. »Wollen wir etwa, dass bei uns, hier, in unserem Land, in Russland, an die Stelle von Mama und Papa ein ›Elternteil Nummer eins‹, ›Nummer zwei‹, ›Nummer drei‹ tritt? Haben sie dort vollkommen den Verstand verloren? Wollen wir etwa, dass in unseren Schulen von der ersten Klasse an den Kindern jene Perversionen beigebracht werden, die Degradierung und Aussterben unseres Volks zur Folge haben? Wollen wir, dass ihnen eingehämmert wird, dass außer Frauen und Männern angeblich noch irgendwelche Geschlechter existieren, und ihnen eine Geschlechtsumwandlung nahegelegt wird? Wollen wir das alles wirklich für unser Land und unsere Kinder?«

Lisa Gaufman, Juniorprofessorin für russischen Diskurs und Politik an der Universität Groningen in den Niederlanden, sieht sich mit dieser homo- und transfeindlichen staatlichen Rhetorik an die Sowjetunion erinnert. In den 1930er-Jahren kriminalisierte Josef Stalin männliche Homosexualität. Schwule Männer wurden als Landesverräter und Agenten des Westens diskreditiert. »Mit der Totalisierung der sowjetischen Gesellschaft wollte man auch die totale Kontrolle über das Familienleben erreichen. Mit dieser konservativen Welle in der sowjetischen Gesellschaft wurde auch die Abtreibung verboten. Es wurde auch viel schwerer, sich scheiden zu lassen«, erzählt sie mir im Interview. Gaufman sieht Parallelen zum heutigen Russland. »Die Stigmatisierung von homosexuellen Menschen hat tausende von Jahren funktioniert. Es ist ein einfacher, primitiver Trick, um die Gesellschaft unter Kontrolle zu halten.« In dieser patriarchalen Hierarchie werden Frauen und

Männern ganz bestimmte Rollen zugeschrieben. Während der Mann die Rolle als Herr des Hauses einnimmt, hat sich die Frau unterzuordnen und wird auf ihre Rolle als Ehefrau und Mutter reduziert. Ihre Aufgaben in der Arbeitswelt hat sie zwar trotzdem zu erfüllen, aber ein eigener emanzipierter, politischer Aktivismus ist nicht erwünscht, meint Lisa Gaufman.

Dass der russischen Führung die Wahrung eines traditionellen, patriarchalen Familienverständnisses wichtiger ist als die Rechte von Frauen und Kindern, hat sie in den vergangenen Jahren bewiesen. Im Jahr 2017 entkriminalisierte der russische Staat viele Fälle von häuslicher Gewalt. Ein Gewalttäter, der seine Ehepartnerin, Kinder oder sonstige enge Angehörige schlägt und damit »nur« oberflächliche Verletzungen wie blaue Flecken oder Schürfwunden verursacht, muss nicht mehr mit einer Höchststrafe von zwei Jahren Haft rechnen. Solche Gewalttaten werden nur noch als Verwaltungsdelikt geahndet, die eine Geldstrafe oder fünfzehn Tage Haft nach sich ziehen, sofern sie nicht mehr als einmal im Jahr angezeigt werden. Zu hohe Strafen für häusliche Gewalt könnten Familien zerstören, meint der russische Präsident. Jahrelange Proteste von Frauen- und Kinderschutzorganisationen haben bisher zu keiner Gesetzesänderung geführt.

Ein stigmatisierendes Gesetz

Auch das Vorgehen gegen die LGBT-Community hat in Russland nicht erst mit dem Ukraine-Krieg begonnen. Schon 2013 unterschrieb Wladimir Putin ein Gesetz, das die »Propaganda für nichttraditionelle sexuelle Beziehungen« gegenüber Minderjährigen verbietet. Dieses diskriminierende Gesetz untersagt es, Minderjährige über Themen wie Homosexualität oder Transidentität aufzuklären. Auf Büchern, in denen beispielsweise homosexuelle Beziehungen Thema sind, oder auf den Online-Profilen von Organisationen, die sich für die Rechte von LGBT-Personen einsetzen, muss der Warnhinweis »18+« prangen. Wer so gekennzeichnete Publikationen kaufen will, kann nach dem Ausweis gefragt werden, um die Volljährigkeit zu bestätigen. Begründet wird das Gesetz mit dem Schutz von Kindern. Um vor allem schwule Männer zu stigmatisieren, bringt die russische Führung Homosexualität bewusst in Verbindung mit Pädophilie. Das führt laut Lisa Gaufman dazu, dass gerade in den ländlichen Regionen Russlands Kinder, die ihre Homosexualität entdecken, in einer zunehmend feindlichen Umgebung aufwachsen und oft ohne Hilfe und Unterstützung bleiben.

Im Dezember 2022 tritt eine Verschärfung des Gesetzes von 2013 in Kraft. »LGBT-Propaganda«, so die gängige Bezeichnung in russischen Medien und Politik, ist nicht mehr nur in Zusammenhang mit Minderjährigen strafbar, sondern wird überhaupt verboten. Das Gesetz ist vage formuliert und erlaubt eine willkürliche Auslegung. Grundsätzlich drohen auf das Teilen von Informationen über sogenannte »nichttraditionelle Werte und Lebensweisen« Geldstrafen von bis zu knapp 10 000 Euro für Einzelpersonen und fast 60 000 Euro für Organisationen. Das kann Posts auf sozialen Netzwerken betreffen, aber auch Filme und Bücher. Im Januar 2023 eröffnen die russischen Behörden nach einer Beschwerde des Abgeordneten Alexander Chinstein eine erste Untersuchung gegen einen Buchverlag wegen des Verstoßes gegen das sogenannte LGBT-Propaganda-Gesetz. Es trifft den unabhängigen Moskauer Verlag Popcorn Books, der im Jahr 2021 mit »Leto w pionerskom galstuke« (in etwa »Sommer in einem Pioniershalstuch«) von Jelena Malisowa and Katerina Silwanova einen Bestseller veröffentlicht hat. In dem Roman geht es um die Beziehung zwischen zwei jungen Männern in einem sowjetischen Ferienlager im Jahr 1986. Viele Buchhandlungen nehmen das Buch, wie andere »heikle« Publikationen, kurz nach der Verschärfung des Gesetzes aus den Regalen. Die beiden Autorinnen werden zu sogenannten ausländischen Agenten erklärt.

Die Bedrohung für die
LGBT-Community nimmt zu

Mit der Verschärfung des Gesetzes gegen die LGBT-Community ist die Arbeit der wenigen Organisationen, die queere Personen unterstützen und nach Kriegsbeginn in Russland geblieben sind, noch gefährlicher geworden.

In einer ruhigen Wohnstraße in der Moskauer Innenstadt befindet sich das Büro der Nichtregierungsorganisation Delo LGBT+, ein Wortspiel, denn »delo« kann Angelegenheit, Sache, aber auch (Straf-)Fall oder Verfahren bedeuten. Die Aktivisten und Aktivistinnen, die hinter Delo LGBT+ stehen, haben im Sommer 2022 aufgrund der Schließung vieler anderer Organisationen, die sich für die Rechte queerer Menschen einsetzen, beschlossen, eine neue Anlaufstelle für jene zu schaffen, die rechtlichen Beistand brauchen. Delo LGBT+ finanziert sich aus privaten Spenden, das Büro ist winzig, auf geschätzten fünfzehn Quadratmetern haben gerade einmal zwei Arbeitsplätze Platz. Ein Teekocher ist die einzige Annehmlichkeit für die hier arbeitenden Juristinnen und Juristen. Dabei hat ihr Arbeitspensum massiv zugenommen.

Wladimir Komow ist Direktor von Delo LGBT+. Schon im Winter 2022, als das neue Gesetz in Kraft tritt, weiß er, was der queeren Community in Russland bevorsteht. »Während das sogenannte Propaganda-Verbot früher mit dem Schutz von Kindern argumentiert wurde, wird die LGBT-Community jetzt mit Organisationen gleichgesetzt, die für das Regime gefährlich sind und denen vorgeworfen wird, eine Art hybride Kriegführung [gegen den russischen Staat] zu betreiben. Die Behörden suchen jetzt nach einer Art innerem Feind.«

Immer öfter hören die Aktivistinnen und Aktivisten von Politikern, aber auch von homo- und transfeindlichen Organisationen, abwegige Wortkreationen wie »Homo-Faschismus«. Nicht nur mit »Satanismus«, wie im Bericht des russischen Staatsfernsehens aus Mariupol, werden Schwule und Lesben in Verbindung gebracht, sondern auch mit »Faschismus«, ein weiteres beliebtes Schlagwort, um die LGBT-Community zu diskreditieren und als Feind darzustellen. »Das hat natürlich alles nichts mit der Realität oder mit geschichtlichen Gegebenheiten zu tun. Aber diese Rhetorik bedeutet für uns eine qualitative Veränderung der Bedrohungslage. Unter diesen Bedingungen wird unsere Arbeit natürlich gefährlicher.« Bereits in den ersten Monaten nach der Verschärfung des sogenannten Propaganda-Gesetzes registriert die Organisation einen massiven Anstieg an Verfahren gegen LGBT-Personen. Die Juristinnen und Juristen haben alle Hände voll zu tun, erzählen sie mir. Einer von ihnen, Konstantin Bojkow, nimmt sich trotzdem Zeit, um mich zu treffen und mir die Entwicklungen der vergangenen Monate zu erzählen. Ich treffe den 54-jährigen Menschenrechtsanwalt direkt vor einem Bezirksgericht in Moskau. Bojkow ist ein kleiner und ruhiger Mann in hellem Hemd und Pullover darüber, in der Hand trägt er eine

Ledertasche. In der morgendlichen Rushhour in der Moskauer U-Bahn würde er unter den vielen anderen Beamten nicht auffallen.

Es ist ein sonniger Frühlingstag im April 2023, wir setzen uns auf eine Parkbank. Interviews über sensible Themen wie die Rechte von LGBT-Personen führe ich nur mehr selten im öffentlichen Raum. Unsere Gesprächspartnerinnen und -partner fühlen sich dabei oft nicht mehr wohl, weil eventuell neugierige Passanten mithören könnten. Doch der Anwalt stört sich nicht daran. Immer wieder kommen Menschen an uns vorbei, doch Konstantin Bojkow senkt seine Stimme nicht. Er sei es leid, Angst zu haben, erklärt er mir, als ich ihn frage, ob er seinen Namen lieber nicht nennen und anonym bleiben möchte.

Nur wenige Tage vor unserem Gespräch hat er einen jungen Mann vertreten, der vor Gericht kam, weil er in seinem Online-Blog Bilder von sich in Frauenunterwäsche gepostet hatte – für die Richterin ein Verstoß gegen die »traditionellen Werte« und gegen das Propaganda-Gesetz, denn der Anblick der Fotos könnte bei Jugendlichen und Kindern Interesse an einer »Änderung der sexuellen Orientierung« wecken. Die Richterin hat den Mann zur Zahlung einer Strafe von umgerechnet mehr als tausend Euro verurteilt. Bojkow kann ein ungläubiges Lachen nicht unterdrücken. »Frauenunterwäsche zu tragen ist laut unseren Behörden ein schreckliches Verbrechen. Als wäre das das Schlimmste, was gerade in unserem Land passiert.«

Große Aufmerksamkeit hat auch der Fall eines schwulen Paars in der Stadt Kasan, achthundert Kilometer östlich von Moskau, erregt. Das vermeintliche Verbrechen der beiden Männer Anfang zwanzig: Sie verstecken ihre Homosexualität nicht und posten gemeinsame Fotos und Videos in den sozialen Medien, auf denen ersichtlich ist, dass sie ein Liebespaar sind. Gela und Haoyang dokumentieren, wie es ist, als gleich-geschlechtliches Paar in Russland zu leben. Dafür erhalten sie Drohungen von homofeindlichen Gruppen und Personen. Jemand dürfte die beiden Blogger bei den russischen Behörden angezeigt haben, denn am 4. April 2023 posten Gela und Haoyang nicht wie üblich lustige oder aktivistische Nachrichten oder Fotos in ihrem Telegram-Kanal, sondern nur eine kurze Nachricht: »Wir wurden festgenommen.« Man wirft ihnen vor, gegen das LGBT-Propaganda-Gesetz zu verstoßen, weil sie Bilder und Videos veröffentlichen, auf denen sie sich küssen und kuscheln. Für die russischen Behörden ist das eine unangemessene Demonstration »homosexueller Intimität«. Der 23-jährige Gela ist russischer Staatsbürger und muss mit einer Geldstrafe rechnen, der 21-jährige Haoyang hingegen stammt aus China, er wird in Gewahrsam genommen und nach mehreren Wochen in Haft aus Russland in sein Heimatland China abgeschoben.

Nach wochenlangen Strapazen findet das Paar in Istanbul Zuflucht, ihren Videoblog auf der Plattform YouTube betreiben sie von dort aus weiter. Anfang Mai 2023 veröffentlichen sie eine Videobotschaft, in der Gela eindringlich davor warnt, dass die Verfolgung von queeren Menschen in Russland noch schlimmer werden wird. »Die LGBT-Community ist Gewalt, Diskriminierung und Verfolgung ausgesetzt. In Russland werden nicht nur diejenigen verfolgt, die ihre Beziehungen öffentlich machen. Das richtet sich nicht nur gegen Blogger, sie führen einen Krieg gegen alle queeren Menschen. Versteht das bitte, selbst wenn ihr euch ruhig verhaltet und euren Freund oder eure Freundin nur im Privaten liebt. Früher oder später werden sie euch trotzdem verfolgen.«

Die staatliche Bespitzelung der LGBT-Community führt

auch dazu, dass die Gefahr von Denunziationen und Übergriffen auf queere Personen, die schon in den vergangenen Jahren ein Problem waren, weiter zunimmt. Konstantin Bojkow ist deshalb nicht nur als Rechtsbeistand vor Gericht im Einsatz, sondern nimmt regelmäßig auch an geschlossenen Veranstaltungen von LGBT-Personen teil, um bei möglichen Störungen und Anzeigen bei der Polizei als Anwalt sofort einschreiten zu können. Obwohl Ankündigungen solcher Veranstaltungen meist nur mehr per Mundpropaganda an untereinander bekannte Personen weitergegeben werden, geschieht es immer wieder, dass rechte und homofeindliche Gruppierungen davon erfahren und drohen, diese mit Gewalt zu stören. Schon im Jahr 2012 verschaffte sich eine Gruppe Skinheads in Moskau gewaltsam Zugang zu einer queeren Veranstaltung, griff Teilnehmende an und zerstörte das Mobiliar. Die Polizei kam erst an, als die Gewalttäter bereits geflohen waren, die Zerstörung der Möbel lastete sie den Organisatoren der Veranstaltung an, die Angreifer kamen straflos davon.

Auch der Anwalt selbst ist Zielscheibe von Anfeindungen: »In diesen Gruppen werden bereits Fotos und diffamierende Informationen über mich geteilt. Ich lese das nicht, ich habe dafür keine Zeit. Aber meine Kolleginnen und Kollegen haben mich darüber informiert.«

Konstantin Bojkow weiß, dass er im Visier sowohl dieser Gruppierungen als auch der russischen Behörden steht. »Mir ist bewusst, dass ich in Gefahr bin, aber noch nicht so sehr, dass ich meinen Koffer packe und schnell abreise. Es gibt für alles eine Grenze. Ich habe zwar viel zu tun, aber es gibt auch mehr Menschen, denen ich helfen kann. Hier bin ich nützlicher, als wenn ich im Ausland wäre. Ich bin hier bei ihnen, ich kann vor Gericht gehen, ich kann jemanden verteidigen.«

Feministischer Widerstand gegen den Krieg

Lolja Nordic weiß, wie es ist, festgenommen zu werden. Die feministische Aktivistin und Künstlerin aus Sankt Petersburg wurde in den vergangenen Jahren immer wieder bei Protestaktionen und Demonstrationen verhaftet. Doch das hat sie in ihrem Aktivismus nie gebremst. Der russische Krieg gegen die Ukraine veranlasst sie, wie ihre Mitstreiterinnen, noch vehementer gegen das Regime von Wladimir Putin zu protestieren. Sie tritt der im Februar 2022 neu gegründeten Feminist Anti-War Resistance bei. Die Bewegung organisiert in den ersten Kriegstagen Proteste und Demonstrationen in ganz Russland. Einen solchen landesweiten Protest planen die Aktivistinnen auch für den 6. März 2022. Lolja Nordic ist rund um die Uhr damit beschäftigt, die Aktionen zu organisieren. Im Jahr davor ist sie mehrmals festgenommen worden, das Haus ihrer Eltern wurde von der Polizei durchsucht, und ihr droht aufgrund ihres Aktivismus ein Strafverfahren. In Russland bedeutet das in fast hundert Prozent der Fälle eine Verurteilung zu einer Haftstrafe. Deshalb arbeitet sie im Hintergrund, organisiert von zu Hause aus Hilfe für festgenommene Demonstrierende, bringt sie in Kontakt mit Anwältinnen und Anwälten, die kostenlos Hilfe anbieten. Für jene, die für mehrere Tage eingesperrt werden, organisiert sie Essen, das ihnen auf die Polizeistation gebracht wird. Doch am 5. März, um acht Uhr morgens, einen Tag vor der groß angelegten Protestaktion, klopft es an der Tür ihrer Wohnung in Sankt Petersburg. Sie habe schon geahnt, dass es dazu kommen könnte, erzählt sie mir bei unserem Gespräch am 14. April 2023, als ich sie telefonisch im europäischen Exil erreiche. »Es gab Gerüchte, dass es Hausdurchsuchungen bei Aktivistinnen und Aktivisten geben soll. Mehrere Leute haben mich gewarnt, dass ich vorsichtig sein soll, weil ich vielleicht auch bald verhaftet werde. Also habe ich Vorkehrungen getroffen. Zwei Wochen lang habe ich meinen Laptop jeden Abend vor dem Schlafengehen außerhalb der Wohnung versteckt, damit er nicht konfisziert wird.« Lolja Nordic weiß sofort, dass es um diese Uhrzeit nur die Polizei sein kann, die so heftig an die Tür klopft. Sie hält sich an das Verhaltensprotokoll, das alle Aktivistinnen und Aktivisten in Russland kennen: nicht öffnen und sich leise verhalten. Manchmal haben die Beamten keine schriftliche Erlaubnis, die Tür aufzubrechen. In diesem Fall können sie nur stundenlang darauf einhämmern, um psychologischen Druck aufzubauen. Erst wenn die Polizei versucht, sich gewaltsam Zutritt zur Wohnung zu verschaffen, gibt man nach und öffnet. »Also bin ich zwei Stunden lang still in meiner Wohnung gesessen, während sie draußen geklopft und meinen Namen gerufen haben. Vor der Hausdurchsuchung selbst hatte ich keine Angst, aber psychologisch war das eine sehr schwierige Situation. Ich bin im Bett gesessen, bei ausgeschaltetem Licht, während draußen jemand rief, ›Lolja, wir wissen, dass du da bist, öffne einfach die Tür. Mach es nicht noch schlimmer‹. Dann habe ich gehört, wie sie anfingen, mit einem Hammer dagegen zu schlagen, da bin ich schnell aufgesprungen und habe gesagt, dass ich öffne.« Lolja macht den Polizisten die Tür auf, sie ist noch im Pyjama. Vor ihr stehen zwei Beamte des Sondereinsatzkommandos, vermummt, mit Helmen und schwer bewaffnet, drei weitere Polizisten und zwei ihrer Nachbarn, die die Beamten als Zeugen für die Hausdurchsuchung brauchen. Die maskierten Männer drücken sie gegen die Mauer, ihre Hände in der Höhe, Gesicht Richtung Wand. Dann wird sie von einem der drei weiteren Polizisten, der sich als Ermittler herausstellt, befragt, während die Sondereinsatzkräfte ihre Wohnung auf den Kopf stellen. »Sie haben alles durchsucht. Den Kühlschrank, die Unterwäsche, alle Dokumente, jede Box, jedes Regal, alles. Sie waren sehr überrascht, dass sie keinen Laptop finden konnten. Ich habe ihnen gesagt, dass er gerade in Reparatur ist.« Nicht nur ihren Laptop, auch ihr Telefon hat Lolja rechtzeitig versteckt. Auch hier hilft ihr die langjährige Erfahrung als Aktivistin in einem autoritären System. Sie hat es sich zur Gewohnheit gemacht, immer ein zweites Smartphone voll aufgeladen bei sich zu haben, damit sie es im Fall der Fälle der Polizei übergeben kann. Sie lässt sich von den Waffen und Masken der Sondereinsatzkräfte nicht einschüchtern. »Ich habe ihre Gesichter nicht gesehen, nur die Augen, aber das waren ganz junge Männer. Sie waren zwei Meter groß, sie waren riesig, aber sie waren nur um die zwanzig Jahre alt. Ich habe versucht, mit ihnen ins Gespräch zu kommen und sie zu beschämen. Ich habe sie gefragt, wie sie sich fühlen, in eine Wohnung einzudringen und eine junge Frau im Pyjama zu durchsuchen, als wäre sie eine Terroristin. Die Jungs haben selbst ein bisschen geschockt gewirkt, als sie meine Tür aufgebrochen und mich im Pyjama gesehen haben.« Antwort bekommt sie von den beiden keine, dafür erklärt ihr der Ermittler, dass sie des Telefonterrorismus beschuldigt wird. Wie das Sankt Petersburger Onlinemedium *Bumaga* in einer Recherche etwas später herausfinden wird, ist Lolja Nordic nicht die Einzige, der vorgeworfen wird, Telefonterrorismus zu betreiben. Laut *Bumaga* verwenden die Sicherheitsbehörden in Sankt Petersburg diese Art der Anklage, um große Gruppen von Aktivistinnen und Aktivisten vor geplanten Demonstrationen festzunehmen und sie 48 Stunden in Haftanstalten festzuhalten. So sind sie vorübergehend außer Gefecht gesetzt und verpassen die Proteste. Zu Lolja Nordics Überraschung nehmen die Beamten sie nicht sofort mit auf die Polizeistation. Als sie wieder allein ist, stellt sie fest: Die Eingangstür ist kaputt. Sie will ihre Wohnung aber nicht verlassen, ohne absperren zu können. Ein Fehler, eigentlich hätte sie nach dem unerwünschten morgendlichen Besuch sofort verschwinden müssen, meint sie im Nachhinein. Denn nach einer Stunde kommen die Beamten wieder, und dieses Mal nehmen sie sie fest. Auf der Polizeistation wird sie untersucht, dabei muss sie sich vor einer Beamtin völlig nackt ausziehen. Die Body-Cam, die die Polizistin trägt, ist eingeschaltet. »Sie hat gesagt, das sei notwendig, damit ich im Nachhinein nicht behaupten könne, dass ich misshandelt wurde. Es ist so entwürdigend, wenn man sich vor einer Kamera völlig ausziehen muss. Ich musste auch in die Hocke gehen, damit sie sehen, dass ich nichts zwischen den Beinen versteckt habe. Es ist demütigend, man ist völlig unschuldig und wird wie eine Kriminelle behandelt, die keinerlei Rechte hat.« 48 Stunden verbringt Lolja Nordic allein in einer dreckigen Zelle, das Essen, das ihr gebracht wird, kann und will sie nicht essen, sie vertraut den Wärtern nicht. Die Essenspakete, die ihre Freunde bringen, kommen nicht zu ihr durch. Als sie freigelassen wird, geht sie sofort zum Konsulat eines europäischen Landes, um ein humanitäres Schengen-Visum zu beantragen. Es wird umgehend bewilligt. Ihre Freunde haben alles für ihre sofortige Abreise vorbereitet, zu groß ist das Risiko, dass sie bald wieder verhaftet wird. Schon auf dem Weg zum Konsulat bemerkt sie, dass ihr Zivilbeamte folgen. Während sie sich im Gebäude aufhält, sieht sie ein Polizeiauto mit Blaulicht vorfahren und vor dem Konsulat anhalten. Zwei Polizisten steigen aus und bleiben neben dem Wagen stehen. »Ich habe die Menschen im Konsulat gefragt, ob ich warten kann, bis das Auto wieder wegfährt. Ich war mir sicher, dass das Polizeiauto meinetwegen da ist.« Stunde um Stunde vergeht, irgendwann muss das Konsulat schließen, doch die Polizisten haben sich nicht wegbewegt. »Ich hatte unglaubliche Angst. Ich habe gesagt, dass ich nicht weiß, was ich tun soll, und dass sie mich verhaften, wenn ich hinausgehe. Also hat jemand vom Konsulat gesagt: ›Lassen Sie mich rausgehen, das Tor schließen und das Licht im Gebäude löschen. Ich werde es so aussehen lassen, als ob niemand mehr hier wäre.‹« Der Trick funktioniert. Das Polizeiauto fährt weg, und Lolja Nordic kann entwischen. Noch einen Tag versteckt sie sich in einer sicheren Wohnung, während ihre Freunde den Rest ihrer Flucht organisieren. Wie durch ein Wunder schafft sie es, Russland zu verlassen. Einige Zeit hält sie sich in unterschiedlichen europäischen Ländern auf, schließlich zieht sie nach Wien, um an der Akademie der bildenden Künste zu studieren. Neben ihrem Studium arbeitet sie weiter als Aktivistin.

Wie Lolja haben die meisten prominenten Aktivistinnen der Feminist Anti-War Resistance Russland verlassen müssen. Aus dem Exil koordinieren sie weiterhin Aktionen innerhalb Russlands. Immer noch befinden sich Aktivistinnen im Land, die anonym und unter großer persönlicher Gefahr weiterarbeiten. Um mit ihnen in Kontakt bleiben zu können, ohne sie zu gefährden, müssen Lolja und ihre Mitstreiterinnen stets Sicherheitsvorkehrungen treffen. Eine Anführerin hat die Feminist Anti-War Resistance nicht. Den Kern der Bewegung bilden stattdessen zwei Dutzend Koordinatorinnen. »Alle unsere Koordinatorinnen müssen bestimmte Protokolle durchlaufen. Es sind Personen, die man schon eine Zeit lang kennt, deren Hintergrund bekannt ist, und die schon länger aktiv sind. Gleichzeitig haben wir ein System von unterschiedlichen Sicherheitsstufen. Sensible Informationen werden nur im engeren Kreis geteilt.« Diese Sicherheitsprotokolle zu entwickeln und zu aktualisieren nimmt viel Zeit in Anspruch, aber es ist notwendig, um in Russland überhaupt weiterarbeiten zu können und nicht zu riskieren, dass Aktivistinnen, die sich noch im Land befinden, entlarvt werden. Die größeren Foren der Bewegung, über die die Aktivistinnen miteinander kommunizieren, sind völlig anonym gehalten. »Natürlich wollen uns Agenten des Geheimdienstes infiltrieren. Ich bin mir sicher, dass es in unserem anonymen Chat Agenten gibt, die uns beobachten und versuchen herauszufinden, ob sensible Informationen durchsickern könnten. Unsere Aufgabe ist es, alles Mögliche zu tun, um uns vor dieser Infiltration zu schützen. Und ich denke, wir leisten gute Arbeit.«

So arbeitet die Bewegung im Untergrund weiter, in vielen verschiedenen Bereichen. Sie hilft ukrainischen Geflüchteten, die in Russland gestrandet sind, oder unterstützt sie dabei, nach Europa zu kommen. Ein wichtiger Teil der Arbeit ist auch gegen die Mobilmachung gerichtet. Die Aktivistinnen verbreiten Informationen darüber, wie Betroffene zu kostenloser Rechtsberatung kommen und wie sie sich gegen Einberufungsbescheide zur Wehr setzen können. Den jungen russischen Männern dabei zu helfen, die Mobilmachung zu umgehen, soll einen kleinen Teil dazu beitragen, die Armee Putins zu schwächen.

Die Feminist Anti-War Resistance informiert aber nicht nur über Möglichkeiten, der Einberufung in die Armee zu entkommen, sondern auch darüber, was in der Ukraine und in Russland geschieht. Denn durch die Zensur, die Blockierung jeglicher kritischer Medien und die Gleichschaltung aller anderen haben viele Menschen keinen Zugang mehr zu unabhängiger Information. Die Bewegung veröffentlicht deshalb eine Zeitung mit dem Namen *Schenskaja Prawda* (»Weibliche Wahrheit«). »Sie sieht wie eine normale Zeitung aus, damit sie nicht zu viel Aufmerksamkeit erregt, mit lustigen Überschriften und Bildern. Aber wenn man sie liest, merkt man, dass alle Inhalte gegen den Krieg gerichtet sind.« Lolja Nordic erklärt, wie die Verbreitung trotz Militärzensur und Überwachung funktioniert. »Wir haben ein kleines redaktionelles Team, das einmal alle zwei Wochen eine Ausgabe der Zeitung veröffentlicht, wir teilen das File online, und man kann es zu Hause ausdrucken. Die Aktivistinnen können die Ausgaben dann heimlich an öffentlichen Plätzen oder in Gebäuden, zum Beispiel an Universitäten, auflegen. Das Wichtigste ist hier wieder die Sicherheit. Denn wenn man erwischt wird, kann man festgenommen werden. Wir geben deshalb Tipps, wie man das möglichst anonym machen kann, sodass man nicht von Kameras aufgenommen oder von irgendwelchen Leuten beobachtet wird.« Ähnlich gehen die Aktivistinnen mit Flugblättern und Anti-Kriegs-Stickern vor, auch sie sollen möglichst breit und anonym in den russischen Städten verteilt werden. Eine andere Aktionsform ist es, Memes per WhatsApp zu verschicken, die aussehen wie harmlose Grußkarten für Ostern oder Weihnachten, sich bei näherem Hinsehen aber als Anti-Kriegs-Botschaften erweisen. Ziel dieser Aktionen ist es, auch andere Schichten der Bevölkerung zu erreichen, ältere Leute oder Menschen auf dem Land. Das funktioniert in manchen Fällen erstaunlich gut, manche dieser WhatsApp-Memes haben sich sogar viral verbreitet. So ist auf einem farbenfrohen, kitschig gestalteten Bild mit kleinen Küken und bunten Ostereiern ein Reim zu lesen, der auf Deutsch in etwa so zu übersetzen wäre:

»Frohe Ostern!

Bunte Eier und strahlende Gesichter!

Wir malen sie in Gelb und Blau,

damit wir in Russland daran erinnert werden,

dass Mord eine Sünde ist

und dass Krieg uns alle zerstört.«

Diese kreativen Protest- und Widerstandsformen sind in der kriegführenden Diktatur, zu der sich Russland entwickelt hat, und aufgrund der immer weiter eskalierenden Repressionen notwendig geworden. Es ist der einzige Weg für Aktivistinnen und Aktivisten, die russische Bevölkerung darauf hinzuweisen, dass nicht alle Menschen im Land mit dem Krieg und der politischen Führung einverstanden sind. Wer sich an diesen Aktionen beteiligt, riskiert mit jedem verschickten Anti-Kriegs-Meme und mit jedem aufgehängten Plakat die eigene Freiheit. Es ist ein mühsamer und schwieriger Kampf, und er wird noch schwieriger werden. Die russische Staatsduma diskutiert im Frühjahr 2023 den Vorschlag eines Abgeordneten der Putin-Partei Einiges Russland, »radikalen Feminismus« als extremistische Ideologie einzustufen. Auslöser für den Vorstoß ist der Sprengstoffanschlag auf den ultranationalistischen Kriegsblogger Wladlen Tatarski (eigentlich Maxim Fomin) am 2. April 2023 in einem Café in Sankt Petersburg. Laut der offiziellen russischen Version ist die Hauptverdächtige für den Tod von Tatarski eine junge Frau, Darja Trepowa, die in den russischen Medien als radikale Feministin dargestellt wird. Die russischen Behörden werfen ihr vor, sowohl mit der bereits als extremistisch eingestuften Bewegung des inhaftierten Oppositionspolitikers Alexei Nawalny als auch mit den ukrainischen Geheimdiensten zusammengearbeitet zu haben. Feministinnen als Agentinnen des Westens und der Ukraine: Das ist das ultimative Feindbild für die russische Führung. Die Einordnung von Feminismus als extremistisch wäre eine willkommene Allzweckwaffe, um unbequeme Aktivistinnen leichter ins Gefängnis sperren zu können.

REPRESSIONEN: RUNDUMSCHLAG
GEGEN ANDERSDENKENDE

Paul Krisai

Gefrorener Schlamm knirscht unter unseren Schuhen, als wir hinter zwei Uniformierten mit dicken Fellmützen über den Ohren an einem stacheldrahtbesetzten Zaun entlangmarschieren, vorbei an einem rostigen Container, einem Polizeigeländewagen und einigen Ziegelbauten mit vergitterten Fenstern. Vor dem Hauptgebäude machen wir halt. Während einer der Beamten hineingeht, schaue ich mich um. »Im Dienst liegt die Ehre«, steht auf einer Wand in großen roten Lettern geschrieben. Daneben prangt das Wappen der russischen Strafvollzugsbehörde. »Gehen Sie weiter«, brummt eine tiefe Männerstimme. Unter den strengen Blicken der zwei Wachmänner betreten wir einen vergitterten Vorraum. Die Stativtasche, die über meiner rechten Schulter hängt, wird von einem Beamten noch einmal kurz beäugt, öffnen muss ich sie nicht mehr. Unser Equipment wurde ohnehin schon durchleuchtet und von Spürhunden auf Sprengstoff beschnüffelt, auch mein Kameramann und ich wurden gründlich gefilzt. Wir werden in einen Saal im Obergeschoß geführt. Dort haben bereits gut zwanzig Kameraleute ihre Stative in Stellung gebracht: In Halbkreisformation umzingeln sie einen Bildschirm an der Wand, auf dem nicht viel zu sehen ist außer zwei leeren Tischen, ein paar Stühlen und drei Strafvollzugsbeamten in kugelsicheren Westen.

Alexei Nawalny: Vergiftet, verhaftet, weggesperrt

Wir befinden uns an diesem kalten Märzmorgen 2022 in der Strafkolonie Nr. 2 in Pokrow, drei Autostunden östlich von Moskau. Der Krieg ist erst in seiner vierten Woche. Gemeinsam mit rund sechzig anderen Journalistinnen und Journalisten sind wir in diese Haftanstalt gekommen, um einen durchaus außergewöhnlichen Gerichtsprozess zu verfolgen: Alexei Nawalny, der prominenteste Oppositionelle und bekannteste politische Häftling des Landes, soll in einem improvisierten Gerichtssaal im Gefängnis der Richterin vorgeführt werden. Es ist der Tag der Urteilsverkündung in einem Strafprozess, der bereits vor dem Krieg begonnen hat, und dessen einziger Zweck darin besteht, Nawalnys bestehende Haftstrafe deutlich zu verlängern. Zusätzliche dreizehn Jahre Haft fordert die Staatsanwaltschaft. Sie wirft dem 45-Jährigen die Veruntreuung von Spendengeldern vor, dazu Beleidigung des Gerichts. Völlig aus der Luft gegriffene Vorwürfe, sind sich Nawalnys Unterstützerinnen und Unterstützer sicher. Nawalny sitzt zu diesem Zeitpunkt bereits eine zweieinhalbjährige Haftstrafe ab. Als inoffizieller Anführer der russischen Opposition war er früher oft unter Arrest, meist für fünfzehn oder dreißig Tage, wegen der Teilnahme an nicht genehmigten Straßenprotesten.

Doch im Jahr 2020 verschärfen die Behörden die Gangart: Damals überlebt Nawalny auf einer Sibirien-Reise nur knapp einen Giftanschlag. Auf einer Wasserflasche aus Nawalnys Hotelzimmer werden später Spuren des Nervengifts Nowitschok nachgewiesen – desselben Stoffs, mit dem im englischen Salisbury 2018 der russisch-britische Doppelagent Sergei Skripal und seine Tochter vergiftet wurden. Nawalny liegt drei Wochen im Koma und wird auf Drängen seiner Familie nach Deutschland ausgeflogen. Schon kurz nachdem Nawalny aus dem künstlichen Tiefschlaf erwacht ist, kündigt er öffentlich an, nach Russland zurückzukehren. Dabei ist klar: Im Fall einer Rückkehr droht ihm eine Festnahme. Die Staatsanwaltschaft hat inzwischen ein altes Verfahren neu aufgerollt, in dem Nawalny zu einer Bewährungsstrafe verurteilt wurde. Nun könnte das Urteil rückwirkend in eine echte Haftstrafe umgewandelt werden. Trotzdem kehrt Nawalny am 17. Januar 2021 nach Russland zurück. Bereits an der Passkontrolle nach der Landung wird er in Handschellen abgeführt. Kurz darauf wird unter großer medialer Aufmerksamkeit die angedrohte Gefängnisstrafe verhängt.

Die Inhaftierung des ausgebildeten Juristen Nawalny, der auf YouTube mit seinen minutiös recherchierten Videos Korruption und Machtmissbrauch in der russischen Führungsriege aufdeckte, wirkt im Nachhinein wie ein Präludium zu Putins großflächigem Einmarsch in die Ukraine. Putin entfernte einen seiner sichtbarsten Gegner von der politischen Bühne. Das Fehlen einer ernstzunehmenden, organisierten Opposition erweist sich später, während des Krieges, für Putin als hilfreich. Er kann so relativ widerstandslos Bürgerrechte und Grundfreiheiten demontieren. Nawalny hätte ihm dabei gefährlich werden können: Bei landesweiten Wahlen durfte er zwar nie antreten, trotzdem gelang es ihm und seinem Team immer wieder, dabei mitzumischen. Weil man ihn keine eigene Partei gründen ließ, schuf Nawalny eine parteiähnliche Organisation mit einem landesweiten Netz von Regionalbüros, den sogenannten Nawalny-Stäben. Auf diese Weise rekrutierte er in allen Ecken des Landes eigene Kandidatinnen und

Kandidaten, die es zum Teil auch in Stadt- und Regionalparlamente schafften. In den Bezirken und Regionen, in denen Nawalny keine ihm zuzuordnenden Namen auf dem Wahlzettel hatte, warb er für seine Wahltaktik der »schlauen Abstimmung«. Dabei ging es darum, jenen Kandidaten zu wählen, der die größten Chancen hatte, den Kreml-Kandidaten zu schlagen. Diese koordinierte Protestwahl erwies sich als durchaus effektiv – immer wieder scheiterten Kreml-Günstlinge an ihren von Nawalny unterstützten Konkurrenten.

Nawalnys Bewegung war aber auch aus einem anderen Grund unbequem. Niemandem gelang es über Jahre hinweg so erfolgreich wie ihm, verhältnismäßig große Straßenproteste zu organisieren: 2017 gegen den damaligen Regierungschef und Ex-Präsidenten Dmitri Medwedew, der laut Nawalny-Recherchen mithilfe komplexer Firmenkonstruktionen Bestechungsgelder in Form von Luxusvillen und Privatjachten angehäuft hatte; 2018 gegen die Pensionsreform; ein Jahr später gegen die Stadtparlamentswahlen in Moskau, zu denen viele Oppositionelle erst gar nicht zugelassen waren. Doch mit Nawalnys Inhaftierung nahm auch das Aufbegehren seiner Oppositionsbewegung ein jähes Ende. In der chronisch zersplitterten liberalen Opposition war Nawalny seit jeher umstritten, auch wegen seiner teils nationalistischen Äußerungen und seiner fehlenden Verurteilung der Krim-Annexion. Viele sahen ihn aber als einzigen ernstzunehmenden Gegner Putins und unterstützten ihn deshalb oder gingen zumindest nach seiner Inhaftierung auf die Straße. Vergebens: Nawalnys Regionalstäbe und seine Antikorruptionsstiftung FBK wurden 2021 gerichtlich aufgelöst und als extremistisch eingestuft. Die Organisationsmitglieder flohen entweder ins Ausland oder landeten ebenfalls vor Gericht.

In der Strafkolonie Nr. 2 in Pokrow hat inzwischen die Urteilsverkündung begonnen. Wir verfolgen die Liveübertragung der Verhandlung im Presseraum. Neben zwei Anwälten ist auf dem verpixelten Bild ein abgemagerter Mann in schwarzer Häftlingsuniform zu erkennen. Alexei Nawalny wirkt wie ein Schatten seiner selbst. Wenn er etwas in Unterlagen liest, setzt er eine Lesebrille auf. Früher hat man ihn öffentlich nie mit Brille gesehen. Richterin Margarita Kotowa setzt zur Urteilsverkündung an. Sie verliest den Text, wie an russischen Gerichten üblich, in einer derartigen Geschwindigkeit, dass selbst russische Kolleginnen und Kollegen nur Wortfetzen verstehen. Was auch an der miserablen Audioqualität der Liveübertragung liegt. Auf einem kleinen Tisch unter dem Bildschirm sind, wie auf einem Altar, dutzende Mikrofone der anwesenden Fernsehsender aufgestellt. Das Mikrofon des kremltreuen Senders NTW steht direkt neben dem kritischen Exilsender RTVi, daneben unser rotes ORF-Mikrofon. Auf dem Bildschirm darüber läuft die Übertragung weiter, auch wenn immer noch kaum jemand etwas versteht. »Wenn sie uns jetzt hier einsperren, haben sie die ausländische Berichterstattung in Moskau ein für alle Mal abgedreht«, macht unter den anwesenden ausländischen Kolleginnen und Kollegen ein Witz die Runde. Nawalny und seine Anwälte müssen die gesamte Zeit stehend zuhören. Fünf Stunden dauert es, bis das Strafmaß verlautbart wird: weitere neun Jahre Haft, in einer Strafkolonie unter besonders strengen Haftbedingungen. Alexei Nawalny, einer der prominentesten Gegner Wladimir Putins und einer der lautesten Kritiker des Krieges gegen die Ukraine, bleibt also nicht nur hinter Gittern. Er kommt auch noch in eine Haftanstalt für Schwerverbrecher. Dort darf ihn seine Familie nur noch sechs Mal im Jahr besuchen.

Draußen vor dem Gefängnis geben Anwältin Olga Michailowa und ihr Kollege Wadim Kobsew eine spontane Pressekonferenz vor den versammelten Kameras, aber sie sind kaum zu verstehen. Immer wieder werden sie von Polizisten mit Megafonen übertönt, die sie auffordern, die Versammlung sofort zu beenden, weil sie die Zufahrt blockierten. Schließlich werden Michailowa und Kobsew festgenommen und in einem Polizeibus weggebracht. Beide werden noch am selben Tag freikommen, im Gegensatz zu ihrem Mandanten. Das Gericht macht an diesem Tag klar: Solange Putins Regime an der Macht ist, wird Alexei Nawalny nicht auf freien Fuß kommen.

Die ganz alltägliche Repression

Der Umgang mit Kritikern wie Alexei Nawalny ist ein wichtiger Gradmesser für die Repression in Russland. Dabei ist sein Fall nur einer von vielen. Mit fortschreitendem Kriegsverlauf häufen sich die Gerichtsverfahren aufgrund des Zensurparagrafen, der die »Herabwürdigung der russischen Streitkräfte« oder die »bewusste Verbreitung von Falschmeldungen« unter Strafe stellt. Allein im Jahr 2022 zählt die Beobachtungsplattform OWD-Info dreieinhalbtausend derartige Verfahren. Sie betreffen nicht nur die – ohnehin kaum mehr im Land präsenten – Oppositionellen. Zum Großteil sind es ganz normale Bürgerinnen und Bürger, die ins Visier der Justiz geraten, oft wegen Lappalien. Ein Blick in den kremlkritischen Telegram-Kanal *Awtosak Live*, benannt nach dem russischen Wort für Gefangenentransporter, zeigt die Einzelschicksale, die sich hinter den Zahlen verbergen. Ein paar Beispiele, die an einem Maitag 2023 im Abstand weniger Stunden eingehen:

»In Moskau wurde ein Autofahrer festgenommen, weil er eine Delle auf seiner Karosserie mit gelb-blauem Klebeband repariert hatte.«

»In Krasnodar wurde eine Pensionistin zu einer Geldstrafe verurteilt, weil sie auf ein Propagandaplakat der Armee mit Filzstift ›Hört auf zu töten‹ geschrieben hatte.«

»In Sotschi wurde eine Ukrainerin zu acht Tagen Haft verurteilt, weil sie bei einem Fotoshooting ein Kleid mit gelbblauen Schleifen trug.«

»In Moskau drohen einem Mann zehn Jahre Haft, weil er in einer Straßenumfrage des Senders *Radio Free Europe* die Invasion der Ukraine kritisierte.«

»In Kaliningrad wurde ein Pensionist wegen Tragen eines Ansteckers mit der Aufschrift ›Nein zum Krieg‹ festgenommen.«

»In Barnaul wurde ein Mann wegen Wehrdienstverweigerung zu sechseinhalb Jahren Haft verurteilt.«

Das Lesen der nicht enden wollenden Flut an derartigen Meldungen wird mit der Zeit zur traurigen Routine. Der Tag beginnt oft mit der Nachricht, dass in den frühen Morgenstunden wieder jemand aus seiner Wohnung abgeholt wurde. Jeden Freitagabend poppt eine Eilmeldung der staatlichen Nachrichtenagentur TASS auf, wen das Justizministerium in dieser Woche ins Register der »ausländischen Agenten« aufgenommen hat (eine Form der öffentlichen Brandmarkung von Menschen oder Organisationen, die nach Ansicht der Behörden unter »ausländischem Einfluss« stehen oder ausländische Gelder beziehen). Im Online-Kalender der »politischen Strafprozesse« von OWD-Info sind im Schnitt zehn Verhandlungen pro Tag an Gerichten in ganz Russland gelistet, Tendenz steigend. Die Arbeit als Russland-Korrespondent ähnelt immer mehr der Arbeit eines Gerichtsberichterstatters. Viele Oppositionelle bekommt man nur noch auf der Anklagebank zu Gesicht – wenn sie nicht ohnehin bereits ausgereist sind.

Interview per Gefängnispost

Der Moskauer Lokalpolitiker Ilja Jaschin sitzt seit vier Monaten in Untersuchungshaft, als ich im Oktober 2022 Post von ihm bekomme: sechs eingescannte A4-Seiten, bis zum Rand vollgeschrieben mit schwarzem Kugelschreiber. Was ich vor mir sehe, ist mein erstes Interview per Gefängnispost. Aus seiner Zelle im Moskauer Butyrka-Gefängnis hat Ilja Jaschin eine Reihe von Fragen beantwortet, die ich ihm zuvor über seine Anwältin zukommen lassen hatte. Wie so oft ergibt sich dieses Interview durch Zufall: Auf einer Feier einer gemeinsamen Bekannten lerne ich Jaschins Anwältin Maria Eismont kennen. Als wir ins Gespräch kommen, erzählt sie mir beiläufig, dass ihr Mandant auch während der Haft Interviews gebe. Denn medialer Druck, vor allem von ausländischen Medien, sei das Einzige, was Jaschin noch helfen könnte, seine drohende langjährige Haftstrafe abzumildern. Wenn ich wolle, könne ich ihr einfach meine Interviewfragen per WhatsApp schicken, bietet Eismont an. Jaschin würde sie dann schriftlich per Brief beantworten. Ich bin anfangs skeptisch, ob das wirklich funktionieren kann, aber entscheide, es zu probieren. Zu meiner eigenen Überraschung bekomme ich Jaschins Antworten tatsächlich weder geschwärzt noch anderweitig zensiert.

Ilja Jaschin ist in der russischen Opposition kein Unbekannter – er ist die ewige Nummer zwei hinter Alexei Nawalny und mit diesem seit den frühen 2000er-Jahren befreundet.

Nach dem 24. Februar 2022 beginnt der 39-jährige Jaschin, auf seinem populären YouTube-Kanal Videos über den Kriegsverlauf zu veröffentlichen. Ein Video, in dem er von den russischen Gräueltaten im Kyjiwer Vorort Butscha erzählt, wird später ein Hauptpunkt in der Anklageschrift der Staatsanwaltschaft. Der Vorwurf: »Bewusste Verbreitung von Falschinformation« über den Einsatz der russischen Armee«, also Verstoß gegen die Militärzensur. Zumal das Verteidigungsministerium in Moskau eine Beteiligung russischer Soldaten abstreitet und von einer »Provokation« spricht. Obwohl Jaschin in seinem Video auch die offizielle Sichtweise des Verteidigungsministeriums zitiert, drohen ihm nun bis zu zehn Jahre Gefangenschaft. Bis zur Urteilsverkündung sitzt er im Butyrka-Gefängnis in Untersuchungshaft, einem Festungsbau aus dem 18. Jahrhundert. Es steht im Norden des Stadtzentrums, zur Straße hin wird es von fünfstöckigen Wohnhäusern verdeckt. Wer in diesen Plattenbauten wohnt, blickt beim Frühstückskaffee vom Balkon aus direkt auf die stacheldrahtbewehrten Mauern des größten Gefängnisses von Moskau.

Hinter einem der vergitterten Fensterschlitze sitzt also Ilja Jaschin, als er mir ein handschriftliches Interview gibt. Wäre es ein gewöhnliches Gespräch, würde ich Jaschin an dieser Stelle als dunkelhaarigen Mann mit Vollbart und kantigem Gesicht beschreiben. Als schlagfertig, humorvoll, aber gleichzeitig ernsthaft. So ist er mir von einer kurzen persönlichen Begegnung im Jahr 2017 in Erinnerung (ich passte ihn damals, bezeichnenderweise, am Ausgang einer Haftanstalt ab, nachdem er wieder einmal einen zweiwöchigen Arrest wegen Teilnahme an Straßenprotesten abgesessen hatte). Diesmal kann ich nur sehr spärliche Eindrücke über meinen Interviewpartner wiedergeben: Seine Handschrift ist leserlich, geradlinig, jedes Blatt penibel nummeriert, und die Großbuchstaben am Satzanfang sind oft überdimensional groß, als wolle er dem Geschriebenen besondere Bedeutung verleihen. Wie es ihm in der Haft gehe, ist meine erste Frage.

»Das Gefängnis ist kein angenehmer Ort«, schreibt Jaschin. »Ich wünsche niemandem, hier zu landen. In den normalen Zellen sind jeweils dreißig Häftlinge untergebracht, auch wenn sie nur für zwanzig ausgelegt sind. Weil es nicht genug Betten gibt, müssen sich die Insassen beim Schlafen abwechseln. Ich allerdings bin in einem abgetrennten Spezialtrakt mit winzigen Zellen. In diesem Abschnitt herrscht eine strengere Kontrolle. Ich teile mir neun Quadratmeter mit drei Zellengenossen. Immerhin habe ich mein eigenes Bett.«

Sein Tag beginne um sechs Uhr morgens mit dem Weckruf, schreibt Jaschin: »Wir haben eine Stunde, um uns zu waschen und die Zelle in Ordnung zu bringen. Dann, um sieben Uhr, werden wir zum Spaziergang in einen kleinen betonierten Innenhof geführt, der mit einem Gitter überdacht ist. Morgens und abends kontrollieren die Wächter außerdem unsere Zellen. Dreimal am Tag bekommen wir zu essen, die Kost ist erträglich. Einmal in der Woche dürfen wir die Dusche benutzen.«

Dass ihn die öffentliche Kritik am Ukraine-Feldzug die Freiheit kosten könnte, sei ihm von Anfang an bewusst gewesen, schreibt Jaschin: »Ich war moralisch auf meine Verhaftung vorbereitet. Sofort nach Beginn des Krieges führte Putin die Militärzensur ein. Jede Aussage gegen die Armee wurde damit zur Straftat. Ich war mir der Risiken bewusst, aber weigerte mich trotzdem, auszuwandern. Meine Verhaftung war damit unausweichlich. Aber meine Haft wird eines Tages enden, und meine Selbstachtung wird bleiben. Daher bereue ich nichts.«

Im Dezember 2022 wird am Moskauer Basmanny-Bezirksgericht Jaschins Urteil verkündet. Der Medienandrang ist enorm. Vor Verhandlungsbeginn werden die Kameraleute in kleinen Gruppen kurz in den Saal gelassen. Jaschin lehnt in Handschellen im Glaskäfig, im Volksmund Aquarium genannt, und formt mit den Fingern ein Victory-Zeichen. Blitzlichtgewitter. Jaschin lächelt in die Kameras.

Die Verhandlung können wir Journalistinnen und Journalisten diesmal direkt im Gerichtssaal verfolgen. Alle Anwesenden erheben sich, als die Richterin den Saal betritt. Sie murmelt ein paar Eröffnungsfloskeln und beginnt sofort mit der Urteilsverlesung, im üblichen maschinengewehrartigen Duktus. Alle im Saal versuchen, möglichst keine Geräusche zu machen, um etwas vom Text zu verstehen. Jaschins Anwälte lauschen angestrengt. Er selbst lehnt entspannt in seinem Glaskasten und schmunzelt beim Wort »schuldig«, das gleich zu Beginn ertönt. Das Strafmaß findet sich erst am Ende des Textes. Bis dahin wird die Richterin noch rund eine Stunde lesen. Ich schaue mich um. In der ersten Reihe stehen Jaschins Eltern. Nur zweieinhalb Meter und eine Scheibe Panzerglas trennen sie von ihrem Sohn. Jaschin hält Blickkontakt zu seinem Vater. Der senkt zwischendurch den Kopf und bedeckt sein Gesicht mit den Händen. Doch beide, Vater und Sohn, behalten die Fassung. Die Richterin zitiert unterdessen ein Interview Jaschins aus dem Juni 2022, in dem er erklärte, dass er nicht vorhabe, auszureisen, auch wenn das zu seiner Festnahme führen werde. Jaschin hört seine Worte nun, knapp ein halbes Jahr später, im Gerichtssaal und nickt lächelnd. Dieser Mann scheint mit sich im Reinen zu sein. Nach 59 Minuten wird das Strafmaß verkündet: achteinhalb Jahre Strafkolonie, so viel hat bis dahin noch niemand für einen Verstoß gegen die Zensurgesetze bekommen. Jaschin scheint es nicht zu kümmern. Er ruft grinsend zur Richterin: »Euer Ehren, ich schätze Ihren Sinn für Humor.«

Drakonische Strafen am laufenden Band

Nur einige Monate später wird auch Jaschins Rekordstrafe überboten werden: Wladimir Kara-Mursa, ein Moskauer Journalist und Oppositionsaktivist, wird im April 2023 wegen angeblichen Hochverrats zu 25 Jahren Gefängnis verurteilt. Unter anderem, weil er bei einer Rede vor dem Kongress des US-Bundesstaats Arizona den Angriff auf die Ukraine kritisiert hat. Kara-Mursa, der eigentlich mit seiner Frau und drei Kindern in den USA lebt und bei einem Moskaubesuch kurz nach Kriegsbeginn verhaftet worden ist, vergleicht sein Verfahren mit den politischen Schauprozessen zu Stalins Zeiten. Tatsächlich ist das Strafmaß – ein Vierteljahrhundert Strafkolonie unter strengen Haftbedingungen – drakonisch. »In diesem Land haben Menschen schon 25 Jahre für Vergewaltigung oder Mord bekommen – aber dass jemand so eine Strafe für seine legale politische Tätigkeit bekommt, das erleben wir zum ersten Mal«, sagt mir nach der Urteilsverkündung seine Anwältin Maria Eismont, die ich inzwischen regelmäßig bei Gerichtsdrehs antreffe. Noch dazu trete der 41 Jahre alte Kara-Mursa die Haft in schlechter Gesundheit an, gibt sie zu bedenken. Nach zwei Giftanschlägen 2015 und 2017 leidet er unter Polyneuropathie, einer schweren Erkrankung des Nervensystems, die zu Lähmungserscheinungen in Armen und Beinen führt. Allein während der Untersuchungshaft habe er siebzehn Kilogramm Körpergewicht verloren, so seine Anwältin. »Wir werden seine Freilassung unter Verweis auf seinen Gesundheitszustand beantragen«, kündigt sie an, »laut Gesetz darf jemand mit dieser Diagnose gar nicht inhaftiert sein.« Die Erfolgschancen eines solchen Berufungsverfahrens dürften gering sein. Das weiß auch Maria Eismont.

Die Anwältin gehört zu den wenigen, die es sich zur Aufgabe gemacht haben, Oppositionelle und Menschenrechtsorganisationen vor Gericht zu vertreten. Maria Eismont – 48 Jahre alt, rotes Haar, Hornbrille – war früher Kriegsberichterstatterin in Tschetschenien und Zentralafrika, bevor sie auf den Anwaltsberuf umsattelte. Vielleicht rühren daher ihr abgebrühter Charakter und ihre Neigung, die Dinge beim Namen zu nennen: »Es gibt in Russland zwar ein Justizsystem und Gebäude mit der Aufschrift ›Gericht‹«, erzählt sie mir über einer Tasse Kräutertee in einem Moskauer Innenstadtlokal, »aber eine unabhängige Justiz gibt es schon lange nicht mehr.« Putin habe das Gerichtssystem innerhalb von zwei Jahrzehnten umgebaut und ausgehöhlt. Laut Eismont ist das größte Problem die völlige Straffreiheit von Polizei und Sicherheitsorganen. Ein handgeschriebener Rapport eines Polizisten wiege nahezu immer schwerer als die Beweise der Gegenseite. »Wenn sie wollen, können dich Polizeibeamte ohne Grund auf der Straße festnehmen und dir, egal ob du dich wehrst oder nicht, Widerstand gegen die Staatsgewalt vorwerfen.« Die Unschuld eines Mandanten oder einer Mandantin sei vor Gericht kaum zu beweisen. Freisprüche gebe es so gut wie nie. Die Richterinnen und Richter stünden im Gerichtssaal immer auf der Seite der Sicherheitsorgane. »Es gibt keine Grundlage, den Angaben des Polizeibeamten zu misstrauen«, lautet eine von Richtern häufig verwendete Floskel. In anderen Worten: Recht hat im Zweifel der Staat.

Dass Maria Eismont fast keinen ihrer Prozesse gewinnt, sieht sie gelassen. Sie weiß um die Übermacht der Repressionsmaschine, gegen die sie ankämpft. Dass die Repressalien eines Tages auch sie, die dreifache Mutter, treffen könnten, ist ihr ebenfalls bewusst. Einige Anwaltskolleginnen und -kollegen sind aus diesem Grund bereits geflüchtet. Andere wurden als »ausländische Agenten« gebrandmarkt, einzelne sogar mit Strafverfahren belegt. Eismont will trotzdem bleiben, so lange es geht: »Solange ich meinen Mandanten in der Haft helfen kann, damit sie diesem System nicht allein ausgesetzt sind, bleibe ich hier.«

Gefährdeter Journalismus

Auch wenn mit fortschreitendem Kriegsverlauf immer mehr russische Journalisten und Journalistinnen vor Gericht belangt werden, weil sie zu kritisch über die Invasion der Ukraine berichten, können wir Auslandskorrespondentinnen und -korrespondenten zu unserer eigenen Überraschung weiterarbeiten, wenn auch mit Einschränkungen. Der zensurbedingte Satzbaustein vom »Krieg, der in Russland weiterhin ›Spezialoperation‹ heißen muss«, den wir in unseren Beiträgen verwenden müssen, ist längst Routine. Militärische Themen, die der Zensur unterliegen, übernimmt die Redaktion in Wien. Abgesehen davon, dass Interviewabsagen immer häufiger und Drehgenehmigungen immer seltener werden, stellt sich ein gewisser Alltag ein. Selbst der stark gestiegene bürokratische Aufwand wird zur Gewohnheit – wir bekommen unsere Journalisten-Akkreditierungen und Aufenthaltsvisa nur noch um jeweils drei Monate verlängert statt um ein ganzes Jahr.

Diese Maßnahme richtet sich explizit gegen Angehörige »unfreundlicher Staaten«, zu denen Russland unter anderem alle EU-Staaten zählt. Für die Behörden schafft das die theoretische Möglichkeit, unliebsame Berichterstatterinnen und Journalisten relativ rasch und geräuschlos des Landes zu verweisen, indem Arbeitserlaubnis und Visum nach einem abgelaufenen Vierteljahr schlicht nicht verlängert werden. Ausweisungen westlicher Journalisten bleiben aber vorerst die absolute Ausnahme. Insgesamt fühlt sich der Arbeitsalltag wegen der vielen Widerstände zwar oft an, als würden wir versuchen, in einem Fluss aus zähem Teig stromaufwärts zu schwimmen, aber immerhin verbietet uns noch niemand das Schwimmen. Im ersten Jahr des Krieges scheint es, als genieße die ausländische Presse weiterhin einen gewissen Schutz vor Repressalien. Bald werden wir eines Besseren belehrt.

Am Morgen des 30. März 2023 erreicht uns die Meldung, dass unser Kollege Evan Gershkovich, Russland-Korrespondent des *Wall Street Journal*, wegen angeblicher Spionage vor Gericht steht. Er ist am Tag davor in einem Restaurant in Jekaterinburg am Uralgebirge vom FSB festgenommen worden. Kurz darauf werden Fotos veröffentlicht, auf denen Gershkovich, flankiert von zwei Männern, in einen schwarzen Minivan steigt, die Kapuze bis über die Nase ins Gesicht gezogen. Ich traue meinen Augen kaum. Zwar kenne ich Evan nicht persönlich, doch wir haben in der überschaubaren Gemeinde der Moskau-Korrespondenten viele gemeinsame Freunde und Bekannte. Und nun wird dem 31-jährigen US-Bürger vorgeworfen, ein Spion zu sein, weil er in Jekaterinburg über die Söldnertruppe Wagner recherchiert haben soll. Auffällig schnell kommentieren offizielle Stellen vom Kreml abwärts den Fall: Gershkovich sei »auf frischer Tat ertappt worden«, sagt Kreml-

Sprecher Dmitri Peskow, erklärt aber nicht, um welche Tat es sich handelt. Außeministeriums-Sprecherin Maria Sacharowa behauptet, Gershkovichs Arbeit habe »nichts mit Journalismus zu tun gehabt«. Vom ersten Moment an deutet vieles darauf hin, dass unser amerikanischer Kollege zum politischen Faustpfand in einer Konfrontation zwischen Moskau und Washington geworden ist. Dass er eine Geisel ist, mit der der Kreml womöglich einen Gefangenenaustausch mit den USA erzwingen will. Dass er einfach zur falschen Zeit am falschen Ort war. Es ist ein Fall von historischer Tragweite: Zum ersten Mal seit 1986 steht in Moskau ein US-Journalist wegen Spionagevorwürfen vor Gericht. Es steht außer Zweifel, dass diese Vorwürfe fabriziert sind. Die Aussicht auf eine Verurteilung ist allerdings völlig real. Unter den Spionagevorwürfen drohen Evan bis zu zwanzig Jahre Gefängnis.

Unter den westlichen Korrespondentinnen und Korrespondenten in Moskau lässt dieser Fall niemanden kalt. Es fühlt sich an, als ob uns der Boden unter den Füßen weggezogen würde. Alle US-amerikanischen sowie einige britische Kollegen und Kolleginnen werden auf Geheiß ihrer Medienhäuser aus Russland abgezogen. Wir im ORF-Büro schränken, so wie andere Sender, unseren Reiseradius vorübergehend ein. Unserem Kollegen Evan, der im Lefortowo-Gefängnis im Osten von Moskau in Untersuchungshaft sitzt, schreiben Miriam und ich, wie auch andere Kollegen, einen Brief. »Halt durch«, steht darin. »Wir stehen an deiner Seite.«

Im Russland von Wladimir Putin kommuniziert man nun nicht mehr nur mit Kreml-Gegnern per Gefängnispost, sondern auch mit Kollegen. Man sieht nicht nur prominente Oppositionelle in Handschellen vor Gericht, sondern auch Freunde von Freunden. Zu sehen, wie Evan nach zwei Wochen

Untersuchungshaft das erste Mal im Glaskäfig dem Richter vorgeführt wird, ist ein Bild, das unter die Haut geht. Nur ein Detail spendet etwas Trost: Er lächelt.

Dunkle Vergangenheit, dunkle Gegenwart

Die willkürliche Inhaftierung von Journalisten, Regimekritikerinnen oder politisch Andersdenkenden ist selbstverständlich keine Erfindung von Wladimir Putin. Repressionen und Einschüchterung gehören zum Machtinstrumentarium jedes autoritären bis totalitären Regimes. In Russland sind diese Methoden historisch gesehen eine Kontinuität. Bereits ab dem 18. Jahrhundert gab es im russischen Zarenreich die sogenannte Katorga (vom griechischen »kateirgon«, »zwingen«), bei der Sträflinge nach Sibirien verbannt wurden und dort in Lagern Zwangsarbeit leisten mussten. Zu Sowjetzeiten errichtete Diktator Josef Stalin das Gulag-System. Mindestens achtzehn Millionen Sowjetbürgerinnen und -bürger waren in den Lagern bis 1953 insgesamt inhaftiert, mehrere Millionen starben in der Lagerhaft oder in der Verbannung, genaue Zahlen fehlen. Der systematische Staatsterror hat in den meisten russischen Familien Spuren hinterlassen. Oft auch Lücken. Doch es gibt nur wenige Orte, die an diesen dunklen Abschnitt der Geschichte erinnern.

Einer davon befindet sich nur wenige hundert Meter vom Kreml entfernt, direkt vor einem gelben Gebäude, das in Russland so bekannt wie gefürchtet ist – der Zentrale des Inlandsgeheimdienstes FSB, vormals KGB. Auf einem Marmorpodest am Lubjanka-Platz thront der sogenannte Solowezki-Stein, ein rund ein Meter hoher und mehrere Tonnen schwerer

Granitblock. Der Gedenkstein stammt von den Solowezki-Inseln im Weißen Meer, 160 Kilometer nördlich des Polarkreises. 1923 entstand dort, in den Mauern des Solowezki-Klosters, das erste Straflager der Sowjetunion. Traditionell findet am Solowezki-Stein seit 2006 jedes Jahr am Vorabend des 30. Oktober eine Gedenkveranstaltung statt, bei der hunderte Menschen zwölf Stunden lang öffentlich die Namen von Repressionsopfern Stalins vorlesen. »Rückkehr der Namen« heißt die Aktion. Doch im Herbst 2022 wird sie, wie schon in den zwei Jahren davor, von den Behörden untersagt. Offizieller Grund: Die Corona-Infektionsgefahr sei zu hoch. Dabei sind zu diesem Zeitpunkt längst alle pandemiebedingten Einschränkungen aufgehoben. »Hier stehen normalerweise zwei Mikrofone«, erzählt mir vor dem Denkmal ein grauhaariger Mann mit Filzmütze und deutet auf den Asphalt, »und hier windet sich normalerweise im Zickzack eine Warteschlange.« Der Mann heißt Sergei Prudowski, ist 72 Jahre alt und Pensionist. Im Ruhestand hat er begonnen, sich mit dem Schicksal seines Großvaters auseinanderzusetzen, der unter Stalin wegen erfundener Vorwürfe vierzehn Jahre im Straflager verbringen musste. Die Geschichte von Prudowskis Großvater ist im Archiv des Menschenrechtszentrums Memorial dokumentiert – so wie rund 2,6 Millionen weitere Fälle. Memorial übernahm in Russland jahrzehntelang eine führende Rolle bei der Aufarbeitung der stalinistischen Verbrechen. Auf staatlicher Ebene fand eine umfassende Auseinandersetzung mit diesem Abschnitt der Geschichte nie statt. Stattdessen wurde das 2022 mit dem Friedensnobelpreis ausgezeichnete Menschenrechtszentrum Memorial im Dezember 2021 gerichtlich aufgelöst. Seitdem geht die Staatsmacht gegen einzelne Memorial-Mitglieder strafrechtlich vor, und auch andere namhafte Menschenrechtsorganisationen wurden verboten. »Es sind wieder die Geheimdienstler an der Macht«, seufzt Sergei Prudowski, und er meint damit Wladimir Putin, der einst FSB-Chef war, bevor er zum Premierminister und danach zum Präsidenten aufstieg. Den Rückbau der staatlichen Institutionen, das Aushebeln der unabhängigen Justiz und die steigende Anzahl an politischen Strafprozessen vergleicht Prudowski mit der Anfangsphase des Stalinismus: »Was derzeit passiert, erinnert an die 1930er-Jahre der Sowjetunion. Es kann leider sein, dass diese Tendenz weitergeht und zu echten Massenrepressionen führt – mit noch mehr Gewalt als bisher. Ich kenne die historischen Dokumente, und daher weiß ich: Die Sicherheitsorgane sind in der Regel zu allem bereit, um die Machthaber zu schützen.«

Nachdem er eine rote Rose vor dem Solowezki-Stein hingelegt hat, zündet sich Sergei Prudowski eine Zigarette an. Nachdenklich blickt er auf die gelbe Fassade der Geheimdienstzentrale. Hinter diesen Mauern war einst sein Großvater inhaftiert, bevor er nach Sibirien verbannt wurde. »Eines Tages«, sagt Prudowski und zieht an seiner Zigarette, »eines Tages wird diese dunkle Phase der Geschichte vorbei sein. Alles wird gut werden. In diesem Gebäude wird dann hoffentlich ein Menschenrechtszentrum eröffnet. Mit großem Museum, Hörsaal und Bibliothek. Und natürlich mit einem großen, öffentlichen Archiv. Das wäre sehr symbolisch.« So hoffnungsvoll Prudowskis Worte klingen, so bedrückend ist das, was er mir zum Schluss sagt: Er wisse nicht, ob er mit seinen 72 Jahren so eine Phase der Öffnung noch erleben werde. Und er bläst eine Rauchwolke in die Luft.

DIE WAGNER-REVOLTE:
DIE BEDROHUNG VON INNEN

Miriam Beller und *Paul Krisai*

Es ist bereits Nacht, da tauchen auf dem Dach des Innenministeriums gegenüber unserem Büro zwei Scharfschützen auf. Die schwarz gekleideten Männer beziehen an der Dachkante Position, das lange Gewehr im Anschlag, und warten. Es ist der Abend des 23. Juni 2023. Nur Stunden zuvor hat uns die Nachrichtenmeldung über Luftangriffe auf Lager der Söldnertruppe Wagner im russisch besetzten Donbas erreicht. Das Ungewöhnliche: Der Angriff soll von der russischen Armee durchgeführt worden sein, also von Einheiten, die auf derselben Seite kämpfen wie die Wagner-Söldner. Das behauptet zumindest deren Chef, Jewgeni Prigoschin, in einer wutentbrannten Audionachricht auf Telegram: »Diese Dreckskerle«, beschimpft Prigoschin die offizielle Militärführung, »sie haben Raketenschläge auf unsere Lager im Hinterland durchgeführt. Eine riesige Anzahl unserer Kämpfer ist gestorben!« Das russische Verteidigungsministerium dementiert den Angriff. Prigoschin bleibt dabei und schwört Rache: »Wir werden eine Entscheidung treffen, wie wir auf dieses Verbrechen reagieren«, brüllt der 62-jährige Söldneranführer in sein Telefon, »der nächste Schritt liegt bei uns!«

Vierzig Minuten später meldet sich Prigoschin wieder per Sprachnachricht auf Telegram: »Wir sind 25 000 Mann, und wir werden uns jetzt anschauen, warum in unserem Land Unordnung herrscht.« Wer wolle, könne sich seinem »Marsch der

Gerechtigkeit« aus der Region Luhansk über Rostow am Don nach Moskau anschließen. Und er legt eine Drohung nach: Wer sich seinen Kämpfern entgegenstelle, ob mit Straßensperren oder Kampfflugzeugen, der werde »vernichtet«. So bedrohlich diese Ankündigung klingt, so ungenau ist sie formuliert. Fest steht: Dieser Mann will den Krieg gegen die Ukraine nicht beenden, er will ihn, wenn schon, intensivieren. Seine Wut richtet sich nicht gegen den Präsidenten, sondern gegen die Militärführung, allen voran Verteidigungsminister Schoigu, mit dem sich Prigoschin zuvor monatelang einen öffentlichen Machtkampf geliefert hat. Unklar ist allerdings, was nun folgt: eine Meuterei, ein Militärputsch oder gar Bürgerkrieg? Prigoschin versucht einige Minuten später zu beschwichtigen und wählt dafür ausgerechnet eine Formulierung, mit der bewaffnete Umstürze oft beginnen: »Das ist *kein* Militärputsch.«

Es wird eine kurze Nacht – für uns, die wir versuchen, das Geschehen einzuordnen, für Millionen Russinnen und Russen, die auf ihren Smartphones gebannt die Nachrichten verfolgen, und auch für viele Innenministeriumsbeamte, die noch bis weit nach Mitternacht in ihren schwarzen Limousinen gegenüber unserem Büro vorfahren. Einige Stockwerke über ihnen wachen immer noch die zwei Scharfschützen.

Putin bebt

In den Morgenstunden des 24. Juni herrscht in Moskau und einigen anderen Regionen bereits Anti-Terror-Alarmstufe. Gepanzerte Militärfahrzeuge der russischen Armee werden auf den Straßen der Hauptstadt gesichtet, Regierungsgebäude werden streng bewacht, und alle Einfahrtsstraßen aus dem

Süden sind abgeriegelt. Denn rund tausend Kilometer weiter südlich steht Jewgeni Prigoschin bereits mit Söldnern und Panzern in der Stadt Rostow am Don. Um 7:30 Uhr meldet sich der Wagner-Chef per Videobotschaft aus dem Regionalkommando des südlichen Militärbezirks: Alle militärischen Objekte in der Stadt seien unter seiner Kontrolle, auch der Militärflughafen. Wir trauen unseren Augen kaum, als wir Prigoschin auf dem nächsten Video im Innenhof des Regionalkommandos sehen. Er wiederholt seine Kritikpunkte: Russische Männer seien in der Ukraine Kanonenfutter, weil es an Munition fehle; die Militärführung, die er als »betagte Clowns« bezeichnet, handle gedanken- und gewissenlos. »Wir sind hierhergekommen, weil wir den Generalstabschef [Gerassimow, Anm.] und Schoigu ausgehändigt bekommen wollen. Solange wir sie nicht bekommen, bleiben wir hier, besetzen Rostow und gehen weiter nach Moskau.« Ein an dem Gespräch beteiligter Generalleutnant erwidert lachend: »Den Generalstabschef? Nehmt ihn mit!« Mit seiner Kritik an der Armeeführung scheint Prigoschin einen Nerv zu treffen, selbst in den oberen Rängen. Das Video endet mit seiner Ansage: »Wir werden Russland retten!«

Zwei Stunden später bricht Wladimir Putin sein Schweigen in einer auf allen Sendern übertragenen TV-Ansprache. Der Präsident bebt förmlich vor Wut. »Das ist ein Stich in den Rücken unseres Landes und unseres Volkes«, sagt Putin. »Alle, die bewusst den Weg des Verrats gewählt und eine bewaffnete Meuterei vorbereitet haben [...], werden eine unausweichliche Strafe bekommen, sie werden vor dem Gesetz und dem Volk zur Verantwortung gezogen.« Fünf Mal verwendet Putin in seiner Rede das Wort »Verräter«. Kein einziges Mal erwähnt er den Mann, dem diese Bezeichnung gilt: Jewgeni Prigoschin – ein jahrzehntelanger Wegbegleiter und Vertrauter des

Präsidenten ist in Ungnade gefallen. In Putins Russland haben »Verräter« für gewöhnlich keine hohe Lebenserwartung.

Doch der Wagner-Chef ist vorerst wohlauf und hält mit seiner Söldnertruppe in diesen Stunden das ganze Land – und die Weltöffentlichkeit – in Atem. Und er erhöht den Einsatz weiter. Hat Prigoschin bisher bei seiner Kritik den Präsidenten immer ausgespart, stellt er sich nun erstmals gegen Putin: »Was den Verrat der Heimat betrifft, so hat sich der Präsident gründlich geirrt«, sagt Prigoschin in einer weiteren Audionachricht. Seine Kämpfer seien echte Patrioten, und keiner von ihnen habe vor, dem Befehl des Präsidenten Folge zu leisten und sich zu ergeben.

Unterdessen fluten immer mehr Bilder aus Rostow am Don die sozialen Netzwerke, viele von ihnen wirken so surreal, dass wir sie anfangs nicht für echt halten. Schaulustige fotografieren sich gegenseitig vor den Militärfahrzeugen. Spaziergänger flanieren unbekümmert an den Gewehrläufen der am Boden liegenden Wagner-Kämpfer vorbei. Eine Straßenkehrerin fegt seelenruhig zwischen den Panzern den Asphalt. So sehr diese Szenen einem Filmset ähneln, so real ist die Gefahr eines Blutvergießens.

Die folgenden Stunden vergehen wie im Zeitraffer. Während wir im Stundentakt in Liveschaltungen die unübersichtliche Lage zu ordnen versuchen, steuert Prigoschins Konvoi aus gewaltbereiten Söldnern samt Militärgerät auf Moskau zu. Unterwegs kommt es immer wieder zu Gefechten, die Wagner-Truppen schießen mehrere Armeehubschrauber ab, es gibt mindestens ein Dutzend Todesopfer aufseiten der russischen Armee. Zu Mittag ist die Wagner-Kolonne bereits in Woronesch, fünfhundert Kilometer südlich von Moskau. Einige Stunden später fehlen nur noch 350 Kilometer. Die Truppen könnten noch am selben Abend die Hauptstadt erreichen. Eine Einnahme Moskaus scheint unrealistisch, aber was kann man nach Prigoschins ungehindertem Einmarsch nach Rostow noch ausschließen? Die Behörden der Region Lipezk beginnen, Straßen mit Baggern aufzugraben, um den Konvoi am Weiterkommen zu hindern.

Die Anspannung steigt. So wie die meisten unserer Kolleginnen und Kollegen denken auch wir über Exit-Strategien nach. Wir beschließen, gemeinsam mit unserem Kameramann noch am Abend die Stadt per Auto Richtung Norden zu verlassen, solange das noch möglich ist. Denn wegen der Anti-Terror-Alarmstufe kann in Moskau jederzeit das Internet abgedreht werden, was eine Berichterstattung aus der Hauptstadt verunmöglichen würde. Zwischen den Liveschaltungen eilen wir in unsere Wohnungen und packen jeweils einen Koffer: Kleidung, Dokumente, Bargeld. Vor dem inneren Auge sehen wir uns schon die Stadt verlassen, da nimmt die Geschichte abermals eine überraschende Wende.

Kommando zurück

Es ist kurz vor halb neun Uhr abends, die Wagner-Truppen stehen rund zweihundert Kilometer vor Moskau, als Prigoschin sich erneut per Audionachricht in seinem Telegram-Kanal meldet: »Jetzt ist der Moment gekommen, an dem Blut vergossen werden könnte«, sagt er mit etwas erschöpft klingender Stimme. »Daher dreht unser Konvoi um, und wir kehren [...] in unsere Feldlager zurück, gemäß dem Plan.« Nachrichtenagenturen bestätigen kurz darauf Prigoschins Rückzug. Ausgerechnet der belarussische Machthaber Alexander Lukaschenko soll die Wagner-Söldner zum Umkehren überredet haben. Noch verblüffender ist, was später Kreml-Sprecher Dmitri Peskow verkündet: Prigoschin soll nach Belarus ins Exil gehen und dafür, genauso wie seine Kämpfer, straffrei bleiben. Und das keine zehn Stunden, nachdem Putin öffentlich eine harte Bestrafung der Aufständischen angekündigt hat. Es wirkt wie das Ende eines Romans, den man frustriert aus der Hand legt, weil die Handlung zu unglaubwürdig erscheint. Die Meuterei ist am Ende so schnell vorbei, wie sie begonnen hat. Was bleibt, ist eine Fülle an offenen Fragen. Für uns endet der turbulente Tag mit einem symbolischen Bild: In Lipezk schütten die Bagger die aufgegrabenen Straßen wieder zu. Es ist beinahe, als wäre nie etwas gewesen. Und wir packen in Moskau unsere Koffer wieder aus.

Und jetzt?

Schon zwei Tage nach dem versuchten Aufstand herrscht wieder so etwas wie Alltag in Moskau. Die Straßensperren werden aufgehoben, die Sicherheitskräfte rücken wieder ab. Zurück bleibt eine verunsicherte Bevölkerung. »Wir haben uns natürlich Sorgen gemacht. Wenn es zu Gefechten gekommen wäre, hätte es viele Tote gegeben, das hätte niemand gebraucht«, erklärt uns ein Mann in der Moskauer Innenstadt. Als einen »seltsamen Zirkus« bezeichnet eine Frau die Geschehnisse vom Wochenende. Was wir aber auch zu hören bekommen, ist ungebrochene Unterstützung für Wladimir Putin. Der Präsident habe letztlich für Ordnung gesorgt, sind viele Menschen überzeugt. Wie zur Bestätigung geht der Kreml in die mediale Offensive. Wladimir Putin zeigt sich bei einem Besuch in der

Teilrepublik Dagestan im Nordkaukasus. Er schüttelt Hände, lässt sogar Fotos mit sich machen. Es ist ein Wladimir Putin, wie man ihn sonst nicht kennt. Denn seit der Corona-Pandemie befindet sich der Präsident in fast vollständiger Selbstisolation. Nun inszeniert er sich als gütiger Herrscher, der von der Bevölkerung geliebt wird und alles im Griff hat. Eine transparente Nachbetrachtung der Ereignisse findet in den Staatsmedien – wenig überraschend – nicht statt.

Der gescheiterte Aufstand gibt auch Expertinnen und Experten viele Rätsel auf. Tatjana Stanowaja, Politikwissenschaftlerin und Gründerin des politischen Analysezentrums R.Politik, sieht in einem Interview mit der Zeitschrift *The New Yorker* vom 27. Juni die Unterstützung für den Präsidenten in der Bevölkerung auch nach der Wagner-Revolte weiterhin auf hohem Niveau. Allerdings ist das für sie eine pragmatische Entscheidung der Menschen, die sich in Zeiten des Krieges auf die Seite der vermeintlich stärkeren Partei schlagen. Stabilität hat einen hohen Wert für viele Menschen in Russland. Die Bilder des Aufstands führen vor, welches Chaos in Russland ausbrechen könnte, wenn es zu einem Konflikt in der Machtelite kommt. Putin verkörpert, wenn schon nicht Freiheit, dann wenigstens Kontinuität. Die Menschen fürchten vor allem, dass in Russland das Kriegsrecht ausgerufen wird oder sogar die Grenzen geschlossen werden könnten, meint der russische Politologe Andrei Kolesnikow in der *New York Times.*

Jedenfalls, da sind sich die meisten Beobachterinnen und Beobachter einig, hat Prigoschin mit seiner Blitzrevolte grundlegende Schwächen des Systems aufgezeigt. Sogar Putin selbst spricht kurz nach dem Aufstand davon, dass ein Bürgerkrieg nur knapp verhindert wurde. »Allein der Gedanke, dass man mit einem bewaffneten Konvoi bis fast nach Moskau marschieren kann, ist zweifelsfrei eine zusätzliche Bedrohung für den russischen Staat und Putin. Denn das kann heißen, dass das eines Tages noch einmal jemand versuchen wird«, erklärt uns der in der russischen Elite gut vernetzte Journalist Alexei Wenediktow im Interview kurz nach dem Aufstand. Daraus könnte der russische Präsident seine Lehren ziehen, meint wiederum Tatjana Stanowaja, mit der Konsequenz, dass die Sicherheitskräfte noch mehr Befugnisse erhalten, als sie ohnehin schon besitzen. Auch mit einer Verschärfung der Repressionen rechnet die Expertin, nicht nur gegen Kriegsgegner, sondern auch im eigenen politischen Lager. Lange hat Wladimir Putin vor existenziellen Bedrohungen von außen gewarnt – durch den Westen, durch eine nach Europa orientierte Ukraine oder durch kritische russische Oppositionelle, die als westliche Agenten gebrandmarkt wurden. Doch eine der größten Gefahren für Putin, das zeigt der Aufstand vom 24. Juni 2023, könnte letztlich aus dem Inneren seines eigenen Systems kommen.

NACHWORT

In der Zeit, in der wir Russland von innen erlebt haben, hat sich dieses Land in eine kriegführende Diktatur verwandelt: In Gerichtssälen haben wir gesehen, wie die Rede- und Meinungsfreiheit im Schnellverfahren abgeschafft wird. Bekannte Oppositionelle werden dabei genauso wie gewöhnliche Bürgerinnen und Bürger für Jahre weggesperrt, weil sie den Krieg beim Namen nennen und Unrecht nicht schweigend hinnehmen wollen. Wir haben die frisch ausgehobenen Gräber auf Soldatenfriedhöfen besucht, die den enormen menschlichen Tribut zeigen, den der Krieg auch in Russland fordert. Ein Blutzoll, der so hoch ist, dass die russische Führung ihn mit allen Mitteln zu verheimlichen versucht. Während sie zu Lebzeiten als Kanonenfutter für Putins Großmachtsfantasien herhalten müssen, werden Russlands Soldaten nach ihrem Tod von der Propaganda als Helden gefeiert. Doch unter der Oberfläche stellt der Krieg den von Putin geschaffenen Machtapparat aus Geheimdienstlern, Militärs und Oligarchen vor eine nie dagewesene Zerreißprobe. Die gescheiterte Revolte der Wagner-Söldner hat offenbart, wie leicht sich die Atommacht Russland von innen destabilisieren lässt und wie schnell das Land an den Rand eines Bürgerkriegs schlittern kann. Putins Regime ist nicht nur zur Gefahr für Europa, sondern auch zur Bedrohung für sich selbst geworden. Aus der russischen Bevölkerung haben wir trotz alledem, abgesehen von vereinzeltem Protest, vor allem eines vernommen: ohrenbetäubendes Schweigen. Es bleibt der Eindruck einer tief gespaltenen Gesellschaft, in der die große Mehrheit beinahe schlafwandlerisch an der Realität vorbeilebt. Aktivistinnen und Aktivisten, die Widerstand leisten, müssen verdeckt im Untergrund und im Exil arbeiten. Es ist ein mühseliger Kampf mit geringer Aussicht auf Erfolg und hohem Risiko. Die Hand des Staates reicht immer weiter ins Privatleben der Bürgerinnen und Bürger: Wer nicht nach vorgegebenen Normen und den vom Kreml abgesegneten »traditionellen Werten« leben will, wird immer mehr an den Rand der Gesellschaft gedrängt und sogar in die Illegalität getrieben. Im flächengrößten Land der Erde wird es für viele Gesellschaftsgruppen immer enger.

Politisch hat sich Russland seit dem 24. Februar 2022 vom Westen gründlich entfremdet. Die internationale Zusammenarbeit ist zum Großteil gekappt. Die Wirtschaftssanktionen, verhängt von der EU, den USA und anderen Staaten, bremsen die Entwicklung der russischen Wirtschaft auf Jahre, wenngleich die Sanktionen allein bisher eines nicht bewerkstelligen konnten – die russische Kriegsmaschine aufzuhalten.

Als europäische Journalisten haben wir ein Russland kennengelernt, das seine Gangart auch gegenüber der westlichen Presse zunehmend verschärft. Ein bisheriger Tiefpunkt ist die Verhaftung unseres US-amerikanischen Kollegen Evan Gershkovich, der unter fabrizierten Spionagevorwürfen vor Gericht steht.

In vergleichsweise jungem Alter als Korrespondentin und als Korrespondent aus diesem Land zu berichten war für uns eine prägende Erfahrung. Wir sind Teil einer Generation, die den Kalten Krieg und den Mauerfall nicht bewusst miterlebt hat und in Österreich in einer Zeit des Friedens und der Sicherheit aufgewachsen ist – wohlbehütet, satt und zufrieden. In Russland haben wir am eigenen Leib gespürt, was es bedeutet, wenn Freiheit zum Fremdwort und Zensur zur Norm wird. Aber: Wir können diese Realität jederzeit verlassen und in ein sicheres Land ausreisen. Anders als Millionen Russinnen und Russen.

Die einzige Konstante in Russland nach 2022 scheint die völlige Unvorhersehbarkeit zu sein. Es wäre daher vermessen, vorhersagen zu wollen, wohin sich Russland in den kommenden Jahren entwickeln wird. Es ist eine Gleichung mit zu vielen Unbekannten. Aus jetziger Sicht können wir jedenfalls keinen hoffnungsvollen Ausblick geben. Unabhängig von einigen zentralen Fragen – wie lange der Krieg dauert, ob er sich gar noch ausweitet und ob letztlich interne Machtkämpfe Putin zum Verhängnis werden könnten – werden die Folgen dieses Konflikts Russland noch auf Jahrzehnte beeinflussen. Wladimir Putin zerstört mit dem Krieg gegen die Ukraine auch sein eigenes Land. Und es wird der Tag kommen, an dem sich Russland als Staat und Gesellschaft der Frage der Schuld gegenüber der ukrainischen Bevölkerung stellen wird müssen.

DANKSAGUNG

Wir möchten allen danken, ohne die dieses Buch nicht entstanden wäre: Barbara Köszegi, die uns als Lektorin mit viel Geduld und kritischem Feedback begleitet hat, und Herbert Ohrlinger vom Zsolnay Verlag, der dieses Projekt erst möglich machte. Carola Schneider, von deren Wissens- und Erfahrungsschatz wir stets profitieren. Dem gesamten Team des ORF Moskau, das unter schwierigen Bedingungen Großartiges leistet. Ina Ruck, Studioleiterin der ARD Moskau, für ihre Ermutigung und Unterstützung. Sowie den vielen Korrespondentenkolleginnen und -kollegen in Moskau, auf deren Hilfsbereitschaft immer Verlass ist. Patrick Wack und Evgeniya Chapaykina verdanken wir das Coverfoto, das an einem eisigen Februartag vor dem Kreml entstanden ist. Der ORF hat uns 2019 bzw. 2021 nach Moskau entsandt – für diese Chance sind wir sehr dankbar. Die Kolleginnen und Kollegen in allen Redaktionen und sämtlichen Abteilungen des Hauses haben uns in schwierigen Zeiten Rückhalt und Unterstützung gegeben. Karim El-Gawhary vom ORF Kairo ist uns als erfahrener Buchautor mit Trost und Rat zur Seite gestanden. Ihm sei ebenso gedankt wie Chefredakteur Hubert Patterer von der *Kleinen Zeitung*, der einst mit der Idee für eine Russland-Kolumne einen entscheidenden Funken entfachte. Eine besondere Erwähnung gilt unseren Familien, auf deren Verständnis, Kritik und Rat wir immer bauen können. Und vor allem möchten wir Ayuna und Stephen danken, die es mit uns und unserer Arbeit vielleicht nicht immer leicht haben und uns dennoch bedingungslos unterstützen.

WEITERFÜHRENDE LINKS

1 OHCHR, »Report on the human rights situation in Ukraine, 1 February – 31 July 2021«, 23. September 2021, https://www. ohchr.org/sites/default/files/Documents/Countries/ UA/32ndReportUkraine-en.pdf

2 Janis Kluge, »Können Sanktionen Putin stoppen?«, Dekoder, Bystro #34, 17. März 2022, https://www.dekoder.org/de/article/ bystro-staatsbankrott-sanktionen-szenarien

3 RTVi, »Es braucht noch eine Transsibirische Eisenbahn oder Baikal-Amur-Magistrale‹: Michail Krutichin über die Möglichkeit, Öl und Gas aus Russland zu liefern«, 15. April 2022, https://rtvi. com/opinions/nuzhen-eshche-odin-transsib-ili-bam-mikhail-krutikhin-o-vozmozhnosti-postavlyat-neft-i-gaz-iz-rossii/

4 Grigori Judin, »Putin is about to start the most senseless war in history«, openDemocracy, 22. Februar 2022, https://www. opendemocracy.net/en/odr/russia-ukraine-most-senseless-war-nato-history/

5 Office of the United Nations High Commissioner for Human Rights, »Killing of Civilians: Summary executions and attacks on individual civilians in Kyiv, Chernihiv, and Sumy regions in the context of the Russian Federation's armed attack against Ukraine«, Dezember 2022, https://www.ohchr.org/sites/default/files/2022-12/2022-12-07-OHCHR-Thematic-Report-Killings-EN.pdf

6 Human Rights Watch, »›We had no choice‹. ›Filtration‹ and the Crime of Forcibly Transferring Ukrainian Civilians to Russia«, 1. September 2022, https://www.hrw.org/report/2022/09/01/ we-had-no-choice/filtration-and-crime-forcibly-transferring-ukrainian-civilians

7 OSCE, »Report on Violations of International Humanitarian and Human Rights Law, War Crimes and Crimes Against Humanity, committed in Ukraine since 24 February 2022«, 13. April 2022, https://www.osce.org/files/f/documents/f/a/515868.pdf

8 Populjarnaja Politika (YouTube), »Wir rufen die Kinder von Staatsbediensteten an. Fahren sie in den Krieg?«, 21. September 2022, https://www.youtube.com/watch?v=tE9SyAWkjPc

9 Arseni Kumankow, »Fighting in the war against Ukraine is a crime«, Meduza, 28. September 2022, https://meduza.io/en/feature/2022/09/28/fighting-in-the-war-against-ukraine-is-a-crime